정 병 선

병상에서 부르는 노래

지은이　정병선
초판발행　2012년 1월 6일

펴낸이　배용하
책임편집　박민서
등록　제364-2008-000013호
펴낸곳　**도서출판 대장간**
　　　　www.daejanggan.org
　　　　대전광역시 동구 삼성동 285-16

ISBN　978-89-7071-241-3

값 9,000원

이 이야기는 내 인생에서
가장 절박했던 순간의 기록이고
죽음의 커튼을 살짝 젖히고 바라본
생명의 세계에 대한 찬가이며

존재와 영혼을 담은

창백한 사색의 조각이다.

2부 고통과 삶에 대하여

내 사랑아

여림 권은정

아들아,
너는 무엇이냐
무슨 뜻이 있어 내게로 와
이토록 가슴 벅찬 눈물이 되느냐

내 모든 것으로 너를 향해도
늘 턱없이 부족하건만
너는 오히려
넉넉한 사랑으로 내게 오느냐

바다처럼
낮은 곳으로 흐르는 것이 사랑인줄 알았는데
너의 작은 까치발로
온 힘을 다해 온 마음을 다해
너의 한 조각 서슴없이 내게 주어
다시 생명을 담는 내 숨결을 바라보고
조마조마하던 네 작은 가슴을 쓸어내며
그토록 안도의 숨을 쉬었다지.

사랑이 무엇이더냐
너를 내어주고도 사랑이 남더냐
절반이 되어버린 상실인 채로도
너는 여전히 행복하다니.

세상에서 가장 낮은 바다처럼
세상의 모든 것을 품는 것이 사랑이라고
사랑을 아는 듯 내가 사랑을 말할 때
너는
저 높은 곳으로
생명을 걸어 거슬러 오르는 한 마리 연어처럼
아무 말 없이 심기우는 자
아들아
네가 사랑이구나.

캐나다 밴쿠버에서 생활하는 권은정 님께서 인터넷을 통해
저자의 글을 읽고 마음의 울림이 있어 지은 시입니다.

생명을 얻게 하고 더 풍성히 얻게 하는 글

정주채 목사 | 향상교회 담임

정병선 목사님은 가깝게 지내온 동역자이며 친구이다. 약 15년 전에 한국복음주의목회연구원에서 만나 교제하기 시작하여 지금에 이르렀다. 목사님의 병이 중하여져서 목회를 중단할 수밖에 없었을 때는 우리 교회 근처에 거처를 마련하고 휴양하셨는데, 가족들과 함께 우리 교회에 출석하였음으로 몇 해 동안 더 가까이 지낼 수 있었다.

정 목사님은 인격적으로 존경스러운 분이다. 성품이 고요하고 사색적이다. 생각이 깊고 그래서 설교나 글의 내용이 깊이가 있다. 현실과 동떨어진 고상한 깊이가 아니라 생생한 삶의 현실을 담아내는 깊이이다. 그리고 글을 잘 쓴다. 내면의 깊은 이야기들을 잘 풀어내신다. 그의 저서들에서, 인터넷 언론매체들에 올린 글들에서 그의 이런 글 솜씨를 볼 수 있다.

이 책은 이런 정 목사님의 인격과 품성, 그리고 사색과 글 솜씨가 가장 잘 드러나는 책이라고 생각한다. 여기에는 죽음을 맞닥뜨려 생명의 귀중성과 삶의 아름다움을 발견한 그의 사색과 삶의 과정이 생생하게 드러나 있다. 나는 옆에서 그를 지켜본 사람이다. "아들의 장기까지 이식받으며 꼭 지상의 삶을 연장해야 할 이유는 무엇인가?"라는 실존적 고민을 안고 하나님과 사람 앞에서 몸부림쳐야 했던 그의 지난 시간의 이야기 속에서 우리는 생과 사의 압축된 사색들을 읽을 수 있다.

사실 사람이라면 누구나 이런 고민을 해봐야 한다. 특히 "생명을 얻게 하고 더 풍성히 얻게 하는" 사역을 맡은 목회자들은 생과 사에 대한 처절한 사색과 그 결과의 답을 가지고 있어야 한다. 오늘날 우리 목회자들의 사역이 너무 피상적으로 흐르는 것은 겟세마네에서 피땀 흘리며 고민하고 기도했던 예수님의 경험이 없기 때문이다. 그래서 하나님은 우리를 아프게 하시는지도 모른다. 아파 봐야 우리의 피상성이 벗겨진다.

안 아프고도 생과 사의 의미를 경험하고 피상성을 벗어난 삶을 살고 싶으신 분들은 이 책을 꼭 한 번 읽어보시기 바란다. 독서는 인생의 지혜를 얻는 가장 좋고 빠른 길이다.

병상에서 부른 감사와 감격의 노래,
그리고 생명의 찬가

필자는 아들의 간을 이식받고 다시 생명의 세계로 돌아온 행운아다. 동시에 아내의 사랑과 헌신, 하나 밖에 없는 아들의 값진 희생을 덧입어 살고 있는 부끄러운 지아비요 애비이며, 많은 이들에게 사랑의 빚을 지고 사는 빚쟁이다. 그런데도 소통이 삶이라는 생각, 같은 세상을 호흡하며 살아가는 분들과 작은 이야기를 나누는 것이 삶이라는 생각에 필자의 인생에서 가장 절박했던 순간의 기록을 이렇게 글로 풀었다.

이 글은 필자의 인생에서 가장 절박했던 순간에 대한 사적인 기록이다. 죽음의 커튼을 살짝 젖히고 바라본 생명에 대한 찬가이며, 존재와 영혼을 담은 사색의 조각이다. 창백한 병상에서 길어 올린 사색의 조각들을 글로 풀어낼 수 있도록 건강을 회복시켜 주신 하나님께 모든 영광을 돌린다. 또 한 점의 망설임도 없이 자기 몸을 내어준 아들 정다운, 한결같은 마음으로 스러져가는 남편을 돌보아준 아내 임현미에게 형언할 수 없는 마음을 전한다. 아들과 필자의 수술을 집도한 삼성병원 조재원 선생님과 함께 참여한 의사와 간호사들에게도 뜨거운 감사의 마음을 전한다. 함께 염려하며 기도해준 형제들, 기꺼이 아픔에 동참해준 믿음의 사람들, 지갑을 털어 병원비를 보태준 지인들의 얼굴을 한 분 한 분 기억하며 고개 숙여 감사의 마음을 전한다. 또한 지극히 사적인 기록을 출판해 준 대장간 배용하 대표님께도 감사의 마음을 전한다

2011년 용인 맹골에서 저자 정병선

1부 : 병상에서 길어 올린 생명 묵상

오랜 투병 생활

매우 건강하게 생활했던 내가 병원에 드나들기 시작한 것은 간염 때문이었다. 아마 30대 후반쯤이었을 게다. 소화가 안 되고 몸살 기운이 있어 병원에 갔다가 뜬금없이 B형 간염이라는 말을 들었다. 부모와 형제 중 누구도 간염에 걸린 사람이 없었기 때문에 B형 간염이라는 말에 어안이 벙벙했다. 스트레스를 많이 받으며 생활한 것도 아니었고, 몸에 무리가 갈 만큼 과로에 시달린 적도 없었다. 술이나 담배를 피운 것도 아니었다. 아무리 생각해도 B형 간염에 감염될 이유가 없었다. 그런데 한 가지 짚이는 게 있었다.

공중목욕탕에서 다른 사람이 사용한 일회용 면도기로 몇 번 수염을 깎은 일이 생각났다. 아뿔싸!

그때는 간염이 그렇게 끈질기게 괴롭히게 될 줄 몰랐다. 평생 병원 신세를 지게 할 줄 몰랐다. 정말이지 이내 곧 나을 줄 알았다. 그런데 별별 좋다는 걸 다 먹어도 염증이 치료되지 않았다. 크게 악화되어 병원 신세를 지지도 않았지만 염증이 호전되지도 않았다. 그저 병원을 정기적으로 드나들며 10여 년 동안을 큰 불편 없이 정상적으로 목회활동을 했다. 그러다가 2004년 초에 정기적으로 다니던 병원에서 간경화 증상이 보인다는 판정을 받았다. 가슴이 철렁했다. 하지만 몸에 특별한 이상 징후는 없었다. 때마침 교회에서는 독서스쿨을 새로이 시작한 상황이라서 새벽부터 밤늦게까지 쉴 틈이 없었다. 그렇게 5개월을 정신없이 지냈다. 몸이 이상했다. 배가 불러오면서 밥맛이 없어지고 기운이 빠지는 것이었다. 마치 풍선에 바람이 빠지는 것처럼 그렇게 몸에서 기운이 빠져나가는 것이었다. 복부 팽만감 때문에 먹는 것이 없는데도 복부 팽만감은 점점 커져만 갔다. 하지만 복수는 간경화 말기에나 오는 증상이라고 알고 있었기 때문에 복수가 차오르는 것이라고는 전혀 생각지 못했다. 단지 복구 팽만감이 커지는 것을 의아스럽게 생각하며 견디고 있었는데, 나중에는 배가 임산부처럼 부풀어 오르면서 걷는 것이나 앉는 것은 물론이고, 숟가락을 드는 것조차 힘이 들만큼 기력이 바닥으로 떨어졌다. 눈꺼풀이 무겁다는 것도 그때 처음 느꼈다. 부랴부랴 입원을 하고, 교회를 사임했다.

　다행히 복수는 쉽게 잡혔다. 그러나 간경화는 빠르게 초기에서 중기로 악화되었다. 병원에서 하는 것이라야 고작 약을 처방해 주는 것 외에는 달리 치료의 길이 없었기 때문에 아내와 나는 스스로 치유의 길을 찾지 않으면 안 되었다. 하여, 간경화를 잘 고친다는 한의원도 찾아 가고, 8체질에 따른 치료와 침도 맞고, 녹즙기로 케일과 민들레도 갈아먹고, 뜸도 뜨고, 외국에서 수입해 온 식품도 먹고, 정말 좋다는 것은 이것저것 열심히 했다. 그러나 어떤 것도 효험이 없었다. 2006년 2월에는 식도 정맥류 출혈이라는 예상치 못한 사태가 벌어졌다. 식도정맥류는 식도에 있는 정맥이 풍선처럼 부풀어 오르는 질환인데, 간경화 환자에게 나타나는 주요 합병증 가운데 하나다. 출혈할 경우 6주내 사망률이 20%에 달하는 응급 질환이며, 간경화 환자의 주요 사망 원인 중 하나이기도 하다. 식도 정맥류가 발생하는 원인은 대략 이렇다. 복강 내에 있는 소장, 대장, 비장을 통과한 혈액들은 모두 모여 간으로 흘러간다. 그런데 간이 딱딱해져서 혈액의 흐름을 가로막으니까 문맥압^{장과 간 사이의 혈관으로 간에 영양을 공급하는 정맥계의 대 혈관}이 높아지고, 간으로 흘러가지 못하는 혈액은 어쩔 수 없이 식도 등 다른 부위로 길을 만들면서 위와 식도의 정맥으로 몰리다보니 혈관이 압력을 이기지 못하고 부풀어 오르는 것이다.

처음에는 식도 정맥류 출혈이라는 것도 몰랐다. 몸의 기운이 빠지면서 얼굴이 창백해지고, 걷는 것이 힘들고, 식욕이 없어졌기 때문에 운동을 하면 기력이 회복될 것이라고 생각하고 기를 쓰며 걷기를 했다. 50미터를 걷기가 힘들어 가다가 쉬고, 가다가 쉬고 하면서도 몸을 위해 걸었다. 아마 2주일 정도를 그렇게 지냈던 것 같다. 때마침 구정 설을 앞두고 있었는데 도무지 설 연휴를 버텨낼 것 같지 않았다. 이러다가 쓰러지겠다는 생각이 들었다. 아내에게 사정을 이야기하고는 곧바로 아주대학교병원 응급실로 향했다. 꿈에도 생각지 못한 식도 정맥류 출혈이었다. 그동안 혈액이 빠져 나가 혈액 수치가 위험 수위인 4까지 떨어져 있었다. 의사들은 이렇게 될 때까지 왜 가만히 있었느냐며 매우 위험할 뻔 했다고 나무랐다.

식도 정맥류 출혈이 발생하면 일단 수혈을 하고, 위장을 깨끗이 청소한 다음, 목에 내시경을 집어넣고 출혈한 부위와 터질 가능성이 높은 부위를 찾아 고무밴드로 묶어 출혈을 멈추게 하는 결찰 시술을 한다. 그런데 위내시경을 해본 분들은 알겠지만 이것이 보통 고역이 아니다. 특히 이 시술은 출혈로 인해 기도가 막힐 위험이 있기 때문에 수면으로 할 수도 없다. '날 죽이시오' 하고 내맡기는 것 외에는 달리 어찌 할 도리가 없다. 힘들다고 몸을 움직이거나 구역질을 하면 더 큰 고통이 따르기 때문에 '나 죽었다' 하고 맡기는 수밖에 없다. 그렇게 한 번 하고 나면 완전 죽음이다. 하고 나서도 일주일은 기본적으로 금식인데다가 식도와 위쪽의 혈관을 묶어 놓았기 때문에 물을 삼키는 것이나 말을 하는 것까지도 조심해야 한다.

그렇게 힘든 과정을 마치고 어렵게 퇴원을 했다. 그런데 집에 오자 말자 다음 날 다시 출혈을 하는 악몽 같은 일이 벌어졌다. 혈관을 묶은 상처가 채 아물기도 전에 또다시 출혈을 한 것이다. 야밤에 119를 불러 응급실로 달려갔다. 밤이 늦었음에도 불구하고 시간이 촉박한지라 담당 의사가 달려 나와 응급 시술을 했다. 너무 고통스러웠다. 2007년과 2008년에도 연초에 식도정맥류 출혈을 했다. 나도 모르게 식도 정맥류 출혈에 대한 두려움이 생겼다. 혈관 상태가 어떤지를 눈으로 확인할 수도 없고, 언제 터질지 알 수도 없는 상황이라 항상 두려웠다.

2008년에는 담석으로 고생을 하기도 했다. 힘들게 투병의 나

날을 보내고 있는데, 갑자기 몸이 음식을 거부하는 초유의 사태가 벌어졌다. 그간의 경험으로 미루어 볼 때 식도 정맥류 출혈은 아닌 것 같은데, 도무지 식욕이 생기지 않았다. 억지로 조금을 먹어도 속이 불편했다. 배가 아프기도 하고, 황달도 심해진 것 같았다. 나아질 것을 기대하며 1주일쯤 견뎠는데 도무지 호전되지 않았다. 할 수 없이 병원으로 달려갔다. 사진을 찍어보니 담도에 돌이 있는 것이었다. 쓸개즙이 담도를 통해 위장으로 들어가야 하는데, 담도가 막혀 위장으로 가지 못하기 때문에 위장이 음식을 거부했던 거였다. 소화액이 위장에 들어오지 못하는데 음식이 들어오면 음식을 소화시키지 못하고 부패하기 때문에, 몸이 그걸 알고 음식을 거부했던 것이다. 몸이란 게 참 신비하고 똑똑하다. 스스로 알아서 몸을 보호하니 말이다. 그때 알았다. 식욕이라는 게 그냥 생기는 게 아니라는 걸. 맛있게 생긴 음식을 눈으로 본다고 해서 식욕이 생기는 게 아니라는 걸. 배가 고프다고 해서 식욕이 생기는 것도 아니라는 걸. 소화액이 위장에 들어올 수 있어야 비로소 식욕이 생긴다는 걸.

아무튼 담도를 막고 있는 돌을 제거하는 것 외에는 길이 없다고 했다. 그런데 혈소판 수치가 낮아서 지혈이 잘 되지 않는 게 문제였다. 돌을 제거하지 않으면 소화를 할 수가 없고, 돌을 제거하는 수술을 하기에는 혈소판 수치가 낮아서 위험하다는 것이었다.

의사의 설명으로는 치사율이 60%라고 했다. 그러나 달리 길이 없었다. 위험을 감수하고서라도 수술을 감행하는 것밖에는. 죽을 가능성이 더 많은 수술이었지만 동의했다. 아들에게 나 없으면 엄마를 잘 챙기고 돌보아야 한다는 부탁을 하고는 수술실에 들어갔다. 그런데 복강경을 시도하는 과정에서 돌이 장으로 빠져 나가는 놀라운 일이 일어났다. 하나님의 터치가 아니었을까 생각한다. 어쨌든 위기를 넘기고 생각보다는 싱겁게 다시 일상으로 돌아왔다. 감사했다.

이야기한 것처럼 힘들고 위험한 고비들이 간간이 있었다. 하지만 간 외에는 대체로 건강한 편이었다. 간경화 합병증세로 문맥고혈압이 발생하고, 그로 인해 식도 정맥류 출혈이 빈번했고, 혈소판 수치가 낮고, 복수와 황달이 조금씩 있기는 했지만 음식도 잘 먹고, 생활하는데도 큰 어려움이 없었다. 응급상황과 복수 때문에 불편을 겪긴 했으나 전체적으로 보면 몸 상태가 크게 나쁘지는 않았다. 의학적 진단이 아니라 내 몸으로 느끼는 진단이 그랬다. 투병하는 과정에서 4권의 책을 저술한 것을 봐도 몸이 최악의 상태는 아니었다는 걸 알 수 있다.

2006년부터 매년 연초가 되면 연례행사처럼 식도정맥류 출혈로 인해 고역을 치렀기 때문인지 2009년 연초가 되자 은근히 불안한 마음이 들었다. 자연히 신경을 써가며 조심스럽게 하루하루를 생활했다. 다행스럽게도 2월까지 잘 넘어갔다. 3월도 별다른 증세 없이 편안하게 지냈다. 그런데 3월 마지막 날그 날이 주일이었음 아침 드디어 일이 터졌다. 아침에 일어났는데 속이 좀 편치 않은 느낌이 들었다. 아침을 먹으려고 첫 숟갈을 뜨는데, 몸의 기운이 빠지면서 속이 매스꺼운 게 전형적인 식도 정맥류 출혈 증상이었다. 순간 두려움이 엄습했다. 또다시 겪어야 할 일들이 영화 필름처럼 지나갔다. 끔찍하고 무서운 생각이 나를 집어삼켰다. 하지만 도망칠 수도 없고 도망쳐서도 안 되는 일이었기에, 나는 첫술을 뜨려던 숟가락을 내려놓고 내시경을 하려면 위장이 깨끗해야 하기 때문에 위장 세척을 먼저 하게 되는데, 위장 세척 과정이 조금이라도 쉬우려면 위장이 비어 있는 게 좋음 아내와 함께 황급히 서울삼성병원 2006년부터는 삼성병원으로 다녔음 응급실로 향했다. 아니나 다를까 식도 정맥류 출혈이었다. 다행히 심하진 않았지만 목에 내시경을 쑤셔 넣고 터진 혈관을 묶는 시술을 피할 수는 없었다.

또다시 고통스러운 시술을 마치고 언제나처럼 금식을 하며 하루하루를 지내고 있는데 병원에 들른 큰 형님께서 차분하게 말씀하셨다. 이식 외에는 길이 없는 것 아니냐고. 매년 이렇게 똑같은 고생을 하는 것보다는 차라리 이식을 하는 것이 건강 회복에 도움이 되지 않겠느냐고. 그러면서 조심스럽게 간 이식 수술을 제안하셨다. 나는 형님의 제안이 고맙기도 했지만 크게 마음 쓰지는 않았다. 그리고 며칠이 지났다. 이번에는 향상교회 정주채 목사님께서 병원을 찾아오시더니, 이식을 하는 것 외에는 길이 없을 것 같다며 이식을 권유하셨다. 그런데 좀 이상했다. 정주채 목사님 말씀이 마치 하나님의 음성처럼 들렸다. 사실 그동안 이식 수술을 전혀 고려해보지 않은 건 아니었다. 1년 전 의사로부터 이식을 권유받으면서부터 고민을 하기는 했었다. 아들 녀석도 자기가 간을 기증할 테니

이식 수술을 해야 한다며 기회 있을 때마다 치근댔었다. 하지만 현실적으로 선택할 만한 일은 아니라고 생각하고 마음에 두지 않았었다. 남의 간보다는 자기 간으로 마지막까지 버티는 것이 최선이라는 생각을 했고, 이식까지 해가면서 살아야 할 필요는 없다는 생각도 있었다. 하여, 버틸 때까지 버텨보기로 하고 이식에 대한 생각은 접어두고 있었다. 그런데 큰 형님의 권유와 정주채 목사님의 말씀에 생각이 바뀌기 시작하더니 급기야 장기 이식을 받아들이기로 마음을 정했다.

그런데 장기 이식을 결정하고 나자 마음속에 수많은 생각과 질문이 밀려오기 시작했다. 기도가 나오기 시작했다. 수술이 잘되게 해달라는 게 아니었다. 이식을 결정하고 수술을 하기까지는 약 한 달여 시간이 있었는데, 그동안 끊임없이 질문하며 기도한 것은 '왜 이식까지 해가며 생명을 연장하려 하는가?' 였다. 나는 왜 더 살기 위해 몸부림치는가? 사랑하는 아들의 간을 이식받으면서까지 살려고 하는 이유가 무엇인가? 아들의 몸에 칼을 대는 것뿐만 아니라 자칫 잘못하면 생명에 위협을 가할 수도 있는데, 그렇게 하면서까지 살아야 할 이유가 대체 무엇인가? 이것은 그냥 지나칠 수 없는 물음이었다. 반드시 물어야 할 질문이었고, 들어야 할 대답이었다.

하나님의 사람 다윗은 "주님께서 나에게 한 뼘 길이밖에 안 되는 날을 주셨으니, 내 인생이 주님 앞에서는 없는 것이나 같습니다. 진실로 모든 것은 헛되고, 인생의 전성기조차도 한낱 입김에 지나지 않습니다. 걸어 다닌다고는 하지만 그 한 평생이 실로 한 오라기 그림자일 뿐, 재산을 늘리는 일조차도 다 허사입니다."시 39:5-6라고 고백했다. 모세는 "우리의 연수가 칠십이요 강건하면 팔십이라도, 그 연수의 자랑은 수고와 슬픔뿐이요"시90:10라고 말했다. 진실로 인생이란 입김처럼 가볍다. 잠시 있다가 사라지는 아침 안개와 같다. 그런데 그처럼 가벼운 인생을 위해 장기 이식까지 할 필요가 있을까? 정말 그럴만한 가치가 있는 것일까? 이 문제는 정말 나에게 너무나 절박한 질문이었다. 피할 수 없는 질문이었다.

수많은 생각이 스쳤다. 생명이 소중해서일까? 삶이 소중해서일까? 죽음이 두려워서일까? 생生에 대한 본능적인 의지 때문일까? 도대체 삶이 무엇이고, 생명이 무엇이기에 이토록 값비싼 대가를 지불하면서까지 살기 위해 발버둥을 치는 걸까? 삶은 무엇이며, 죽음은 무엇인가? 끝도 없는 물음들이 나를 괴롭혔다. 하지만 묻고 또 물어봐도 도무지 알 수가 없었다. 묻고 있는 나를 납득시킬 만한 대답이 떠오르지 않았다. 그렇다고 물러설 수도 없었다.

일단 아들의 간을 이식받기로 결정한 이상 나를 납득시킬만한 뭔가가 있어야 했다. 장기 이식을 하면서까지 구차하게 생명을 연장하려는 나의 선택을 당당하게 설명할 수 있는 뭔가가 있어야 했다. 그렇지 않으면 내 알량한 자존심이 무너져 내릴 테니까 말이다.

다행히 궁여지책을 찾아낼 수 있었다. 그것은 '생生의 의지' 였다. 니체는 인간의 원초적 본능을 일컬어 '권력 의지' 라고 했다. 하지만 내가 찾아낸 '생의 의지' 는 니체가 발견한 '권력 의지' 보다 훨씬 강하고 더 근본적인 인간의 의지라는 생각이 들었다. 아니다. '생의 의지' 는 인간을 넘어 모든 생명에게 내재되어 있는 최고의 본능이라는 생각이 들었다. 또 '생의 의지' 가 있기 때문에 지구는 오늘까지 수많은 위협과 짓밟힘에도 불구하고 생명을 이어올 수 있었고, 생명으로 충만할 수 있었다는 생각이 들었다. 아니, 어쩌면 '생의 의지' 는 이 세상을 생명으로 가득 채우기 위한 하나님의 의지일 수도 있다는 생각까지도 들었다. '생의 의지' 는 생명의 이기적 욕망이나 자기 보호 본능이기 이전에 생명을 낳고 번성케 하시는 '하나님의 의지' 라고. 때문에 '생의 의지' 를 이기적인 욕망이라고 정죄할 수는 없다고. 왠지 그럴듯해 보였다. 억지 주장은 아니라는 생각, 성경에 빗대어 보아도 어느 정도는 일리가 있다는 생각이 들었다. 하여, 나는 죽음의 위기 앞에서 '생의 의지' 를 불태우는 것이 그리 억지스러운 짓은 아니라며 스스로를 변명할 수 있었다.

하지만 잠시였다. 얼마 지나지 않아 또 다른 의문이 나를 공격하기 시작했다. 장기 이식을 통해 생명을 연장하려는 것이 단순히 '생의 의지'이기만 한 것일까? 혹 '생명에의 집착'은 아닐까? 아들의 소중한 간을 취하면서까지 살기 위해 몸부림치는 것은 '생의 의지'를 넘어 '생명에의 집착'이 아닐까? 현재를 넘어서지 못하고 눈앞의 삶에 전전긍긍하는 속물근성이 아닐까? 허락되지 않은 생명을 탐하는 것이 아닐까? 허락되지 않은 생명을 살아보겠다는 헛된 욕망이 아닐까? 나는 왜 죽음을 회피하기 위해 발버둥을 치는가? 왜 생명의 주관자이신 하나님의 손에 겸손히 맡기지 못하고 죽음의 시간을 늦추려고 하는가? 죽음이 가까이 온 것을 환영하고, 죽음을 의연하게 맞아들이는 것이 하나님을 신뢰하는 믿음과 피조물다움에 부합되는 것 아닐까? 나는 왜 죽음을 의연하게 받아들이지 못하고 구차하게 장기 이식을 하려 하는가?

끝없이 쏟아지는 질문 공세 앞에서 나는 당당할 수가 없었다. '너는 지금 너의 생명에 집착하고 있는 것'이라고 아우성치는 비난의 소리에 '그렇지 않다'고 자신 있게 말할 수가 없었다. 참으로 곤혹스럽고 참담했다. 이 싸움은 정말 방어막이 없는 싸움이었다. 끝없이 물고 늘어지는 양심의 소리에 대응할만한 방어막이 없는 싸움이었다. 나는 이 싸움을 계속할 수 없었다. 결국 두 손을 들고야 말았다. '하나님의 의지' 라는 논리의 품에 나를 맡기는 투항을 하지 않으면 안됐다. '생의 의지' 는 단순히 사람의 의지나의 의지가 아니라 생명의 창조자이신 '하나님의 의지' 이고, '생의 의지' 는 곧 '창조자의 의지' 이기 때문에 모든 생명은 자기 생명이 다하는 날까지 '생의 의지' 를 가지고 최선을 다해 살아야 한다는 억지스러운 논리의 피난처로 도망치지 않을 수 없었다. 살기 위해 발버둥치는 것은 결코 부끄러운 일이 아니라고, 그것은 생명의 거룩한 의무요 책임이라고 뻔뻔하게 항변하며…

그랬다. 그것은 뻔뻔한 항변이었다. 하지만 동시에 놀라운 진실이기도 했다. 생生과 사死의 갈림길에서 치열하게 묻고 또 물으면서 발견한 정금 같은 진실이었다. 생의 의지는 결코 천박한 게 아니라는 것. 단지 집착만은 아니라는 것. 생의 의지는 그 무엇보다 위대하고 거룩하다는 것. 삶이란 본시 모순과 역설로 가득하다. 공기가 없어봐야 공기의 소중함이 인식되고, 물이 없어봐야 물의 소중함이 인식되듯이, 나 또한 죽음 앞에 서보고서야 '생의 의지' 를 인식할 수 있었다. 몸의 모든 세포들이 죽지 않기 위해 일제히 긴장하고 있다는 것을, 죽음에 항거하는 세포들의 아우성을 지각할 수 있었다.

　나는 참 어리석다. 일이 다 지나고 나서야 후회할 때가 많고, 일의 순서가 뒤바뀔 때도 많으니까 말이다. 이번 장기 이식도 그랬다. '왜 장기 이식까지 해가며 생명을 연장하려 하는가?'를 물으려면 마땅히 장기 이식을 결정하기 전에 묻고 고민했어야 했다. 그게 바른 순서였다. 그런데 나는 거꾸로 했다. 장기 이식을 결정하고 난 다음부터 고민하기 시작했다. 아무튼, 순서가 뒤바뀐 고민을 하면서 '생의 의지'는 곧 '생명의 주인이신 하나님의 의지이기도 하다'는 논리로 나 자신을 변명했다. 정당한 논리라고 스스로를 설득하면서 마음의 동의를 얻기도 했지만, 그래도 왠지 현학적이라는 느낌을 떨칠 수가 없었다. 살고자 하는 의지가 어떤 형태를 띠든 상대방을 해치는 것이 아니라면 정당하다고 할 수 있겠지만, 장기 이식은 좀 다르다는 생각까지 떨치게 할 수는 없었다. 확실하게 정리할 수는 없었지만 아무튼 뭔가가 찜찜했다.

그래서 나는 새롭게 물었다. 만일 오늘 당장 죽는다면 무엇이 가장 아쉬울까? 라고. 쓰고 싶은 글을 쓰지 못하는 것일까? 쓰고 있는 글을 끝내지 못하는 것일까? 다시 한 번 펼쳐보고 싶은 목회의 꿈을 이루지 못하는 것일까? 이 세상 모든 것과 영원히 이별해야 하는 것일까? 물론 다 아쉬울 것이다. 아쉽지 않은 게 어디 있겠는가? 모든 것이 가슴 한편에 시린 아픔과 달랠 수 없는 아쉬움으로 남을 것이다. 하지만 가슴을 쥐어뜯게 할 만큼 커다란 아픔이나 미련으로 남을 것 같지는 않았다. 아쉽기는 하겠지만 얼마든지 깨끗하게 포기하고 접을 수 있을 것 같았다. 그런 것 때문에 죽음을 회피할 것 같지는 않았다.

그렇다면 정말 눈을 감기 힘들 만큼 아쉬운 것이 무엇일지를 또다시 물었다. 머리를 굴리며 곰곰이 생각해보았다. 발견되는 게 있었다. 매우 사적이고 작은 일이었다. 아내와 아들을 더는 보지 못한다는 것, 바로 그것이었다. 한 세상 살면서 가장 많이 보았던 얼굴, 때로 험악한 시선으로 쏘아보았던 얼굴, 때로 차갑게 외면해버렸던 얼굴, 바로 그 얼굴을 보지 못한다는 것이, 그들과 함께 아침 밥상을 마주할 수 없다는 것이, 아내와 함께 산책을 하며 길가에

피어난 들꽃을 보고 감탄할 수 없다는 것이, 아들이 변해가는 모습을 볼 수 없다는 것이, 아들이 삶의 기로에서 방황하고 힘들어 할 때 조언해줄 수 없다는 것이 못내 아쉬움으로 남을 것 같다는 생각이 들었다. 아내와 아들에게 마땅히 베풀었어야 할 사랑을 주지 못한 것이 가장 후회되고 아플 것 같다는 생각이 들었다. 아내와 아들과 더는 삶을 함께 하지 못한다는 것이, 오직 그것만이 죽음의 손을 덥석 잡지 못하게 하는 유일한 아쉬움이요 안타까움으로 다가왔다. 아니, 그건 단지 생각이 아니었다. 그건 명증한 진실이었다. 결코 부인할 수 없는 진실이었다. 가슴이 증언하는 진실이었다.

사실 가족과의 삶은 팔이 내 몸의 일부이듯이 내 삶의 일부였다. 가족과 내 삶은 분리할 수 없는 하나였다. 가족은 언제나 내 삶의 중심이었다. 하지만 그럼에도 가족은 내 인생에서 그리 큰 관심사가 아니었다. 가족과의 삶이 내 존재의 이유가 될 수는 없었다. 가족을 넘어 세상으로 확대된 삶, 하나님의 뜻이 하늘에서 이루어진 것처럼 이 땅에서도 이루어지는 일에 기여하는 삶만이 내 존재의 이유라고 생각하고 주변을 열심히 두리번거리며 살았던 게 사실이다. 가족과의 삶은 어디까지나 소소한 즐거움과 사적인 생활에 불과했다. 그랬다. 가족은 내 삶의 중심에 있었지만 변두리에 있었다.

그런데 그처럼 소소한 가족과의 일상이 정작 죽음 앞에선 가장 큰 아픔과 아쉬움으로 남게 될 것이라니 너무 놀라웠다. 조금 과장한다면 정말 화들짝 놀랐다. 사실 가족이 소중하다는 이야기는 수없이 들어온 이야기 아닌가? 여기저기 굴러다니는 그렇고 그런 이야기 아닌가? 그런데 그 닳고 닳은 이야기가 죽음이라는 현실 앞에 서서 보니 무게가 달랐다. 평소에 들었을 때와는 차원이 달랐다. 죽음의 현실 앞에서야 비로소 아내와 아들이 얼마나 소중한 존재인지가 눈에 들어왔다. 가족과의 삶만으로도 충분히 존재의 이유가 된다는 엄청난 진실이 눈에 들어왔다. 그랬다. 그때까지는 가족이 주는 삶의 무게, 의미의 무게를 알았지만 안 게 아니었다.

가족의 재발견이었다. 그리고 가족의 재발견은 나로 하여금 생각지 않은 착상을 하게 했다. 장기 이식 후 큰일을 하지 못하더라도, 역사적인 업적을 남기지 못하더라도, 많은 사람에게 영향력을 미치지 못하더라도, 가슴 속에 알알이 박혀 있는 목회의 꿈을 펼치지 못하더라도 괜찮다고. 아내 홀로 창밖의 빗소리를 듣지 않을 수 있다면, 맛있는 음식을 앞에 놓고 울음을 삼키지 않을 수 있다면, 아들이 중대한 선택의 기로에서 고민하고 있을 때 한 마디 조언해 줄 수 있고 처진 어깨를 감싸 안아줄 수 있다면, 그것만으로도 나는 더 살아도 좋을 충분한 이유가 된다는 생각이 가슴을 적셨다.

그날2009년 4월 8일 나는 메모 수첩에 이렇게 썼다.

"살고 싶다. 일 년이라도 더. 아니 십 년, 이십 년을 더 살고 싶다. 비록 죄악과 어둠과 비탄이 가득한 세상일지라도 나는 다른 세상이 아니라 죄악과 어둠이 가득한 바로 이 세상을 좀 더 경험하고 싶다. 온 몸과 온 맘으로 더 깊이 겪어내고 싶다. 그것이 하나님나라를 사모하는 마음이 약한 증표라 해도 좋다. 믿음으로 이 세상을 상대화하는 것이 아니라고 힐난해도 좋다. 내 앞에 지금보다 더 아름답고 고상한 세계, 창조질서에 부합하는 진정한 세계가 기다리고 있을지라도 나는 지금 이 세상에서의 삶과 경험의 기회를 더 많이 누리고 싶다. 더 깊이 맛보고 음미하고 싶다. 사랑하는 가족과 얼굴을 마주하며 가볍게 웃음 짓고 어깨를 다독여줄 수 있으면 그것으로도 충분하다고 생각된다. 장기 이식의 대가를 지불해도 괜찮다고 생각된다. 아내와 아들의 변해가는 삶을 바라보는 것만으로도 얼마나 놀라운 기쁨이요 행복이겠는가!"

이 생각을 하고 나니 마음이 한결 가벼웠다. 장기 이식에 대한 부담감에서 해방된 것 같아 마음이 좀 밝아졌다. 그런데 처음에도 말했지만 나는 참 어리석다. 매양 뒷북을 친다. 이 글을 쓰고 있는 지금에 와서 생각해보니 그렇다. 왜 가족에게 짐이 될 것이라는 생각은 하지 않고 가족에게 힘이 될 것이라고만 생각했는지 모르겠다. 사실은 내가 사는 것이 가족에게 더 무거운 짐이 될 수도 있는데 말이다. 어쩌면 짐이 될 가능성이 훨씬 더 많을 수도 있는데 말이다. 그렇다. 참 웃긴다. 나라는 존재 속에는 자기에게 유리한 쪽으로만 보고 생각하려는 몰염치하고 이기적인 습성이 뿌리깊이 있는 게 분명하다.

아! 나는 얼마나 후안무치하고 자기중심적인 동물인가!

하지만 나의 후안무치에도 불구하고 가족의 소중함을 재발견한 것은 분명 커다란 축복임에 틀림없다. 가족의 재발견으로 인해 우리 가족의 미래는 지나온 과거보다 더 행복할 수 있을 테니까 말이다.

그런데 '생의 의지'가 곧 '창조자의 의지'일 수도 있다는 무한한 진실에도, 가족의 소중함을 재발견했음에도, 여전히 나는 수술대에 오르는 순간까지 왜 살기위해 버둥대는지를 충분하게 설명할 수 없었다. 그런 설명으로써 편안하게 수술대에 오를 수는 없었다. 결국 나 스스로도 설득하지 못한 채 아들의 생명을 담보하는 위험한 수술대에 나와 아들의 몸을 맡기는 일생일대의 모험을 감행하고야 말았다. 퍽 무모한 모험이었다.

　장기 이식을 결정하고 나면, 곧바로 장기를 증여하는 자와 증여
받는 자 모두 이식할 수 있는지 여부를 점검하는 정밀 검사에 들어
간다. 살아있는 사람의 장기 일부를 떼어내는 일인 만큼 신중에 신
중을 기하지 않으면 안 되는지라 머리끝에서 발끝까지 철저하게
검사를 한다. 몸만 하는 게 아니라 치과와 정신과까지도 검사를 한
다. 마땅히 그래야 할 것이다. 만일 이식을 해도 별 효용이 없는 사
람에게 이식을 한다며 건강한 사람의 장기를 떼어내기라도 한다면
어떻게 되겠는가? 그 얼마나 끔찍한 일이겠는가? 마땅히 정밀 검
사를 해야 할 것이다.

　나는 아들보다 먼저 일주일여 동안 검사를 받았다. 검사 결과

이식이 가능하다는 판정이 나왔다. 다만 한 가지 문제가 있었다. 정밀한 신체검사를 하기 이전에 복부 컴퓨터 단층 촬영CT을 했었는데, 간에 암의 가능성이 보인다는 판독이 새로이 나왔다. 그래서 보다 정확하게 확인하기 위해서는 자기공명 단층 촬영MRI을 해야 한다는 것이었다. 누구나 경험하는 것이겠지만 병원에 가면 제일 힘든 게 검사받는 것이다. 그런데 또 다시 검사를 받아야 한다는 말을 들으니 어깨가 축 늘어졌다. 더구나 암이 발생했을 거라고는 전혀 생각지 못했는데 암세포가 있다는 말을 들으니 마음에 미세한 파문이 일었다. 아무튼, 의사의 지시대로 자기공명 단층 촬영을 했다. 촬영 결과 1센티미터가 좀 안 되는 암이 3개 정도 발견됐다고 한다. 의사 선생님께서는 '그리 큰 것은 아니니 걱정하지 않아도 된다' 고 위로하셨다. 그러면서 새로운 사실을 전했다. 암이 다른 장기에 전이되었으면 수술을 할 수가 없다는 것이었다. 암이 다른 장기에 전이되었으면 이식을 해도 곧바로 이식한 간에 암이 퍼지기 때문에 수술해야 아무 소용이 없다면서 다른 장기에 전이됐는지 여부를 알아보는 검사 두 가지를 추가로 해야 한다는 것이었다.

힘들게 산 하나를 넘으니 또 다른 산이 앞을 가로막는 것 같은 느낌이 들었다. 그렇지만 어쩌겠는가? 이틀에 걸쳐 하루에 한 가지씩 검사를 해야 했다. 뼈에 전이됐는지 여부를 확인하는 BONE SCAN 검사와 양전자 방사 단층 촬영법인 PET 검사를 했다. 검사를 마치고 결과가 나오기까지는 이틀을 기다려야 했다. 기다리는 시간이 무척 길게 느껴졌다. 암이 초기였기 때문에 전이됐을 가능성은 거의 없을 거라고 생각하며 마음을 다독였지만 결과에 따라서는 이식 자체가 물거품이 될 수도 있는지라 결과가 자못 궁금했다. 아니, 궁금함을 넘어 초조했다. 몸은 침상에 누워있어도 마음은 이래저래 복잡했다.

그런데 그렇게 복잡한 마음으로 결과를 기다리다가 '기다림'에 대해 생각하기 시작했다. 그것은 아마도 어떤 상황이건 단순하게 맞닥뜨리기보다는 객관적으로 생각하고 묻는 습관 때문이기도 했겠지만 초조함을 떨치기 위한 자구책이기도 했을 것이고, 시간을 보내기 위한 방책이기도 했을 것이다. 아무튼 곰곰이 '기다림'에 대해 생각해보았다. 생각을 해보니 삶이란 게 온통 기다림이었다. 한 생명의 탄생부터가 그랬다. 엄마의 긴긴 기다림이 없이 어떻게 생명이 탄생할 수 있겠는가? 또 태어난 생명이 홀로 서기까지는 얼마나 길고 긴 기다림의 시간이 요구되는가? 부모가 되어 보니 알겠더라. 자식을 키운다는 것이 뭔지를. 자식을 키운다는 것은 기다림과의 싸움이라는 것을. 사람이 되기를 기다려 주는 것보다 더 힘든 일이 없다는 것을. 관계도 그렇다. 부부 간에, 부모와 자식 간에, 친구 간에, 정부와 국민 간에, 국가와 국가 간에 기다려 줌이 없다면 관계의 살은 결코 오르지 않는다. 모든 생명, 모든 관계는 한결같이 기다림을 먹고 자란다. 쌀 알 한 톨, 콩나물 하나, 고추 하나, 과일 하나, 장미 한 송이, 지구의 허파인 산의 나무들, 어느 것 하나도 기다림이 없이는 된 것이 없다. 모든 게 다 기다림의 열매다.

생각은 꼬리에 꼬리를 무는 법. 생각을 따라가 보니 기다림은 단지 기다리는 게 아니었다. 기다림은 더는 손 쓸 수 없어서 내려 놓는 맡김이기도 했다. 전능하신 보호자께 위탁하는 것이기도 했다. 검사 결과를 내가 좌지우지 할 수는 없는 것 아닌가? 그저 하나 님께 맡겨놓는 수밖에 없지 않은가? 그랬다. 기다림이란 맡김이었다. 기다림은 또한 기대하며 희망하는 것이기도 했다. 결과가 좋을 것이라며 내일을 꿈꾸는 것이기도 했다. 기다림이 없는 삶을 생각 해보라. 얼마나 단조롭고 무미건조하겠는가? 무릇 기다림이 있기에 설렘이 있는 법 아닌가? 기다림이 있기에 여백이 살아 숨 쉴 수 있는 것 아닌가? 또한 기다림은 묵혀 둠이었다. 삶의 모든 것은 오랜 시간 묵혀 두어야 숙성이 되어 제 맛이 나는 법이다. 사람도 오래 묵혀 두어야 인격이 발효된다. 믿음도 역시 기다림이다. 약속을 신뢰할 때 기다림이 가능하고, 약속을 신뢰하는 기다림이 곧 믿음이다. 그분께서 약속한 것이 성취될 것을 기대하면서 기다리는 것, 그것이 바로 믿음이다. 그렇다. 삶은 온통 기다림이다. 기다림의 연속이다.

나는 간암이 다른 장기에 전이되었는지 여부를 확인하는 검사 결과를 기다리다가 '기다림'은 초조함이기보다는 맡김이요 희망하는 것임을 깨달았다. 기다려 줄 수 있는 능력이야말로 참 인격의 조건이라 할 만하고, 기다림이야말로 위대한 창조의 산실이라 할 만하다는 진실을 발견했다. 정말 뜻밖의 발견이었다. 그리고 그 발견 덕분에 나는 초조감에서 해방될 수 있었다. 새로운 희망을 품고 검사 결과를 기다릴 수 있었다.

이틀 후 결과가 나왔다. 암이 전이되지 않았단다.

휴~ 또 한 번 산을 넘었다.

감사했다.

암이 다른 장기로 전이되었는지 여부를 확인한 결과 전이되지 않은 것으로 판명되었으니 이식 수술은 가능하게 되었다. 이제 남은 건 아들의 검진이었다. 아들은 공익 근무 중이었기 때문에 근무하는 기관에 휴가를 내고 하루 동안 2009년 4월 6일 여러 가지 검사를 받았다. 자기 몸의 일부인 간을 떼어내는 모험을 하기 위해 실시하는 검사임에도 아들은 그 날을 기다려왔다. 그리고 두려워하거나 망설이는 기색 없이 즐겁게 검사를 받았다. 검사 후에도 '결과가 잘 나와야 할 텐데' 라고 진심으로 염려하며 결과가 나오는 4월 10일을 기다렸다. 그런 아들을 보고 있자니 마음이 슬프기도 하고 아프기도 했다. 아들을 지켜주어야 할 애비가 아들에게 무거운 짐만

지워주는 것 같아 안타깝고 미안했다. 그러면서도 두 가지 묘한 감정이 마음의 저류에 흐르는 것을 확인할 수 있었다. 하나는 '결과가 안 좋게 나오면 어떡하나? 상황이 아주 복잡해지는데' 라는 막막함이었고, 또 하나는 '결과가 좋게 나오면 어떡하나? 이미 큰 수술을 경험한 아들이 또다시 큰 수술을 해야 하는데' 라는 애잔함이었다. 그랬다. 결과가 좋게 나오든 나쁘게 나오든 마음이 아프기는 매 한 가지였다. 결과가 나쁘다고 해서 슬퍼할 수도 없고, 결과가 좋다고 해서 기뻐할 수도 없는 그런 묘한 처지에 내가 서 있었다.

시간이 가는 걸 지켜보며 견디는 것 외에는 달리 할 일이 없는 병상에서도 시간은 잘 간다. 아침을 먹고 나면 어느새 점심 식사가 나오니까. 물론 지루하고 힘들 때도 있다. 하지만 시간은 때와 장소를 가리지 않고 어김없이 빠르게 흘러간다. 병상에서는 시간이 가는 게 그렇게 감사할 수가 없다. 드디어 아들의 검진 결과가 나오는 날이 왔다. 4월 10일 오후 2시쯤이나 되었을까. 별 생각 없이 침상에 누워있는데 아들에게서 전화가 왔다. 목소리가 매우 밝았다. 아들은 대뜸 말했다. "아빠, 수술 할 수 있대. 병원에서 연락이 왔는데 OK 사인이 났어. 혹시 안 좋으면 어떡하나 조마조마 했는데… 잘 됐다." 수술을 할 수 있게 되었다는 소식을 전하는 아들의 목소리는 정말 밝았다. 마치 명문 대학에 합격하기라도 한 것처럼.

　그 날 밤에는 아내에게서도 전화가 왔다. 다운이가 수술할 수 있게 된 것을 매우 기뻐한다고. 그 날의 정황을 아내는 일기장에 이렇게 적어 놓았다.

　저녁을 준비하는데 아들 방에서 들려오는 소리.

　"엄마, 나 기쁜 소식 있어."

　"기쁜 소식 있어."

　순간 뭔 일일까? 등기소공익근무 하는 곳 관련 일? 교회 청년부 일? 인터넷 경품 당첨? 스치는 생각들.

　"어떤 소식?"

　일하다 아들 방으로 들어가니

　"나 기증해도 된대. 수술해도 된대…."

　감격하는 아들의 목소리.

　사랑이 폭발하는 소리.

　순간! 세상에 이런 '소리'가 있었나 하는 생각과 함께 감동이 밀려온다.

　'아들의 생명으로 아빠가 사는구나. 다운이 사랑으로 아빠가 살겠구나.'

　"아이구, 어떻게 수술하지, 우리 아들?"

　"뭐, 어때 괜찮지."

둘이 밥 먹으며 무섭거나 두렵지 않느냐고 물으니

"아무렇지도 않은데…."

순간 남편이 좋은 아들을 뒀다는 생각, 잘 살아왔다는 생각이 든다.

행복자라는 생각이 든다.

아들이 아빠에게 자신의 일부를 주는 것, 쉽지 않은 일이다.

부모라면 모를까.

9시간이라는 대수술을 앞두고 흔쾌히 '기쁜 소식' 이라고 외치는 아들.

나 기도하며 주께 부탁하리라.

수술하는 이 일 가운데서 하나님을 친히 경험하고 우리 가족 다시 한 번 새로워지기를!

생명싸개로 보호해 주시기를!

축복하리라.

하나님 은총으로 우리 걸어가고 있는 이 충만한 행복의 길!

수술하게 된 것을 그처럼 기뻐하던 아들은 그 후 수술대에 서기까지 한 달여 동안 단 한 번도 자기 걱정을 하지 않았다. 단 한 번도 망설이거나 두려워하지 않았다. 한 번은 슬쩍 물었다. 속으로 망설여지지 않느냐고. 그러자 아들 녀석은 "전혀 그렇지 않아"라고 웃으며 대답했다. 미안하기도 하고, 고맙기도 해서 "우리 아들, 참 대단하다!" 했더니 "아들이 아빠에게 간을 주는 게 뭐가 대단한 일이냐?"며 아들은 손사래를 쳤다. 그러면서 "앞으로는 절대 그런 말 하지 말라"고 협박성 부탁까지 했다. 그랬다. 아들의 일념은 오직 아빠에게 좋은 간을 주어야 한다는 것과 반드시 수술대에 서야 한다는 것이었다. 그리고 실제로 아들 녀석은 몸 관리에 매우 신경을 썼다. 일찍 자고, 잘 먹으려고 애를 썼다.

사실 아들의 검사 결과가 완벽하지는 않았다. 두 가지 지적 사항이 있었다. 하나는 간에 약간의 지방이 끼어 있다는 것이었고_{심하지 않아 수술하기에는 문제가 없다고 함}, 또 하나는 심장에 부정맥이 있다는 것이었다. 그것도 일반적으로 흔하게 나타나는 부정맥이 아니라 좀 특이한 부정맥이라서 자칫하면 급사를 할 수도 있는 부정맥이라는 것이었다. 하지만 그것도 수술에는 큰 지장이 없겠다며 수술 가능 결정을 한 것이었다. 마음이 무거웠다. 그러잖아도 아들은 가슴뼈가 함몰된 오목 가슴 때문에 몇 년 전 갈비뼈 7개를 교정하는 대수술을 한 적이 있는데, 그것 때문에 가슴에 커다란 흉터가 남아있는데, 또다시 중요한 장기 일부를 떼어내는 수술을 자처한 아들이 매우 안쓰러웠다. 마음이 울적하고 우울했다.

사람들은 보통 자기 질병 때문에 수술대에 서는 것마저도 두려워하고 망설이며 도망치기 일쑤다. 그런데 아들놈은 자기 때문이 아니라 애비 때문에, 질병 때문이 아니라 건강하기 때문에 수술대에 오르는 것임에도 오히려 기뻐했다. 아들놈은 9시간의 대수술을 마치고 마취에서 깨어나 엄마를 만났을 때에도 제일 먼저 "아빠, 수술 들어갔어?"라고 물었다고 한다. 아내가 막 깨어난 아들을 매만지며 "응, 지금 수술 중이셔"라고 말하자 아들은 그때서야 비로소 "아, 이젠 됐다"며 안심했다고 한다. 그건 아마도 수술 전 날 밤, 의사 선생님께서 수술에 따르는 위험성과 후유증 유발 가능성을 설명하면서 수술 절차에 대해서도 말한 것 때문이었을 것이다. 아들이 먼저 수술실에 들어가 복부를 열고 간을 직접 확인한 다음 간 상태가 좋으면 아버지도 수술에 들어가지만, 좋지 않으면 수술을 진행하지 않고 중단한다고 했었는데, 아마도 그게 아들 마음에 걸렸던 모양이다. 그래서 아빠가 수술에 들어갔는지 여부를 제일 먼저 물은 것이었다고 생각된다. 참 대단한 놈이다. 그 녀석이 그렇게 대단한 놈인 줄 몰랐는데, 자유분방해서 무던히도 속을 썩이던 녀석이었는데, 애비를 생각하는 녀석의 마음이 아들을 생각하는 애비의 마음보다 더 큰 것에 그만 가슴이 먹먹했다.

'함께 있음'과 '함께 없음'의 차이

수술 예정일은 5월 12일이었다. 수술을 앞두고 이틀 전 아들과 나는 나란히 입원을 했다. 언제나처럼 값이 비싼 2인실밖에 없어서 2인실에 들어갔다. 병실에 들어가 보니 아내와 함께 우리 가족 3명이 전부였다. 느낌이 좀 묘했다. 아내가 웃으면서 말했다. "우리 병원에 온 게 아니라 꼭 콘도로 가족 여행을 온 것 같다." 세 사람은 함께 웃으며 묘한 느낌을 공유했다. 주일 오후여서인지 병원은 한가했다. 우리 가족도 큰 수술을 앞둔 가족답지 않게 편안하게 담소하며 여유롭게 지냈다. 오랜 만에 가족 전체^{그래봐야 셋}가 집을 떠나 여유를 만끽하는 듯한 착각이 들 정도로. 또 친구인 이문식 목사님과 예전에 목회했던 한길교회 성도들이 방문해 반가운 얼굴들을 보는 기쁨도 함께 누리면서.

　입원 둘째 날. 그러니까 수술 하루 전이다. 수술을 앞두고 아들과 나는 수술 준비를 해야 했다. 수술할 부위와 온 몸을 소독하고 깨끗하게 씻는 것은 물론이고, 장腸을 청소하기 위해 관장과 금식을 했다. 몇 가지 검사도 하고 혈액도 채취했다. 마치 카운트다운에 들어간 느낌이었다. 전날의 여유로움과는 사뭇 달랐다. 몸의 세포들도 약간의 긴장을 하는 것 같았다. 그러다가 문득 한 가지 매우 당연한 사실을 발견했다. 내일이면 내 몸의 일부가 몸에서 떠난다는 걸. 그것도 간肝의 일부가 아니라 간 전체가 조금도 남김없이 몸에서 사라진다는 걸. 그렇다. 그건 지극히 당연한 사실이었다. 그런데 그걸 인식하기 전과 인식하고 난 후의 느낌은 사뭇 달랐다. 구체적으로 설명할 수는 없지만 매우 생경한 느낌이 나를 휘감았다. 내 몸의 일부가 몸에서 떠난다는 사실이 매우 신기하기도 하고, 이상하기도 하고, 낯설기도 했다. 지금껏 느껴보지 못한 묘한 느낌이 나의 정서를 자극했다. 나는 아내에게 조용히 말했다. "내일이면 내 간肝은 몸을 떠나네? 그러고 보니 내 간은 오늘로서 임무 끝이구나!" 아내도 내 말을 듣고는 새로운 발견인 듯 "정말 그러네!"라고 응대했다.

　그렇다. 내일이면 내 몸의 일부였던 간이 몸을 떠난다. 한 평생 내 몸과 함께, 몸의 일부로서, 몸을 통해 살고 몸을 위해 살았던 간, 딱딱하게 굳어져 가는 고통을 참아내며 마지막까지 몸을 위해 분투했던 간, 또 오랜 세월 많은 고생을 시켰고, 많은 돈을 지출하게 했고, 많은 것을 포기하게 했던 간이 내일이면 몸을 떠난다. 나는 혼자 말했다. '간아, 고맙다. 고맙다. 그동안 정말 수고 많았다. 그리고 너를 끝까지 지켜주지 못하고 이렇게 떠나보내게 해서 미안하구나.' 그랬다. 정말 고맙고 미안한 마음이 들었다. 뭐라 표현할 수 없는 감사의 정이 솟구쳤다. 동시에 그동안 수고한 간의 마지막 모습을 꼭 보고 싶다는 생각이 들었다. 하여, 의사 선생님께 간을 버리지 말고 수술 후에 꼭 보게 해달라는 부탁을 해야겠다고 생각했다. 그런데 결국 말을 꺼내지 못했다. 아마 '유별난 사람'이라는 눈총을 받을까봐 겁이 났던 것일 게다. 나는 수술 후에야 겨우 용기를 내 의사 선생님께 물었다. "내 간의 모습이 어떠했나요?" "예? 간이요?" 의사 선생님은 웃었다. 그러더니 한 마디 툭 던졌다. "자갈길처럼 울퉁불퉁 했어요." 순간 마음이 짠했다. 오랜 세월 간이 당했을 고통과 힘겨움이 생각나면서, 수많은 혹으로 엉망이 되어버릴 때까지 참고 견뎌내느라 무진 애를 썼을 간에게 연민의 정이 느껴졌다.

퇴원 후 집에서 뒤늦게 영화 「워낭소리」를 봤다. 아들이 컴퓨터로 다운로드해줘서 혼자 작은 모니터로 감상했는데, 특별한 꾸밈이나 과장 없이 소와 촌로村老의 일상을 소박하게 스케치한 다큐멘터리였다. 영화를 읽는 독자讀者를 자극하기 위해 긴장을 조작하거나 몰아치는 법이 없었다. 영화는 마치 호수의 잔물결 같이 잔잔하게, 그리고 심히 느리게 흘러갔다. 하지만 소와 촌로의 동행이 마음 깊이 와 닿았다. 그리고 소가 죽는 마지막 장면에 이르러서는 충격과 감동을 가눌 수가 없었다. 다 늙어 피골이 상접했음에도 불구하고 마지막 힘을 다해 일하던 소가 한 순간 소리 없이 무너져 내리는 모습은 정말 충격이었다. 그 육중한 몸이 대지에 너부러지는데 '아!' 하는 탄식이 절로 나왔다. 그러나 그건 단지 탄식이 아니었다. 단지 충격이 아니었다. 소의 죽음에서 내가 본 것은 '거룩함' 이었다. 지금껏 어디에서도 목격하지 못했던 '거룩함' 의 실체를 나는 영화 속 소의 죽음에서 보았다. 영화 속 소의 삶과 죽음은 '충성' 과 '거룩' 이 뭔지를 보여준 기막힌 계시였다. 그리고 매우 짧은 순간이었지만 소의 죽음과 내 몸에서 떨어져 나간 간의 죽음이 오버랩 되었다. 내 간도 저러했을 것이라는 생각이 번개처럼 스쳤다.

이제 수술이 끝난 지도 5개월이 지났다. 그런데 지금까지도 상처투성이였을 간의 마지막 모습을 보지 못하고 이별한 게 미안하고 아쉽다. 자기를 죽이면서까지 몸을 위해 불사른 그 장렬한 모습, 그 영광스러운 상처투성이의 모습을 보지 못한 게 못내 아쉽다. 그리고 지금쯤 그 간이 어떻게 됐을 지가 궁금했다. 아마 어디 쓰레기장에 버려졌을 것이다. 내 생명을 살리며 나의 일부였던 간이 이제는 나와 상관없이 어느 쓰레기더미에 흔적조차 없이 묻혀 있을 것이다. 매우 쓸쓸한 일이지만 정녕 그럴 것이다.

그러고 보니 '함께 있음'과 '함께 없음'의 간격이 참으로 크다는 것을 발견하게 된다. 함께 있을 때는 간 때문에 온 몸이 고통을 당하고 힘들기는 했지만, 그래도 함께 보호를 받았고, 함께 생명의 기운을 나누었다. 살아도 함께 살고, 죽어도 함께 죽는 절대적 관계였다. 그런데 함께 없는 지금은 다르다. 나는 살아있는데, 그 간은 죽어 있다. 나는 여기 따뜻한 집에서 가족과 함께 행복하게 생명의 축복을 누리고 있는데, 그 간은 어느 쓰레기더미에 묻혀 있다. 그렇다. '함께 있음'과 '함께 없음'의 간극은 이처럼 크다. 그 무엇으로도 매울 수 없을 만큼 크고 깊다. 예수님 안에 있는 것과 예수님 밖에 있는 것의 차이도 아마 그럴 것이다. 예수님과 함께 있을 때와 예수님과 함께 하지 않을 때 내 삶의 색깔이 달라지는 것도 정녕 그 때문일 것이다.

아! 함께 할 수 없음의 비정함이여! 함께 할 수 있음의 영광과
복됨이여!

드디어 5월 12일 수술하는 날이 밝았다. 눈을 떠보니 새벽 6시다. 아들은 잠에서 채 깨어나지 않았는지 게슴츠레한 표정이다. 7시가 되면 아들은 수술실에 들어가야 한다. 멀쩡한 몸을 찢고 자르기 위해. 심란했다. 뭘 어찌해야 할지 알 수 없어 하고 있는데, 멀리서 친구 목사님 부부와 향상교회 목사님, 사모님, 전도사님, 가정교회 목자와 목녀, 그리고 큰형님 부부가 달려와 병실이 북적였다. 새벽부터 먼 길을 달려온 분들이 고마웠다. 잠에서 덜 깨어난 아들은 얼굴을 씻고 수술복으로 갈아입더니 웃음기를 보였다. 하지만 아들의 얼굴에선 긴장이 묻어났다. 얼굴 근육이 약간 굳어있었다. 사실 아들은 키 171센티에 몸무게 57킬로그램이 고작인 녀

석이다. 어려서부터 통통해 본 적이 없는 왜소한 체구에다가 오목
가슴이 깊어 갈비뼈 7개를 뒤집어엎는 큰 수술을 했다. 그것 때문
에 군대도 현역으로 가지 못하고 공익근무를 하고 있는 중이다. 그
런데 그런 녀석이 죽어가는 애비를 살려보겠다고 또다시 수술대에
서려하고 있다. 애잔했다. 슬펐다. 못할 짓을 하고 있다는 생각이
들었다.

　　나는 언제부터인지 기도했었다. 아브라함의 순종을 받으시고
이삭의 몸에 칼을 대지 않게 하신 하나님께서 아들 다운이가 이미
자기 몸을 내놓기로 작정했으니, 아들의 진정한 헌신과 사랑을 받
으시고, 아들의 몸에 칼을 대지 않게 해달라고. 아들의 몸에 칼을
대지 않고도 얼마든지 간을 회복시킬 수 있지 않으시냐고. 전날까
지도 나는 그렇게 기도했었다. 그런데 아들은 지금 수술대에 오를
준비를 하고 있다. 안타까웠다. 우울했다. 울고 싶었다. 그렇다고
하나님을 원망하지는 않았다.

　　다들 병실에 선 채로 간단한 예배를 드리고 있는데, 간호사가
달려와서는 수술실에 들어가야 한다며 서두른다. 나는 이동 침상
에 누운 아들의 손을 꼭 잡았다. 아들도 내 손을 꼭 잡았다. 복도까
지 따라 나가 다시 한 번 손을 잡았다. 그리고 말없이 돌아섰다. 다

른 이들은 수술실 입구까지 따라갔지만 나는 도저히 따라갈 수가 없었다. 아들은 발길을 멈춘 내게 손짓하며 "아빠! 잘해!"하며 씩 웃었다. 아들은 그렇게 갔다. 9시간 동안 죽음 같은 수술을 하기 위해, 자기 몸을 찢고 몸의 중요한 장기를 애비에게 주기 위해 수술실로 갔다.

홀로 병실에 돌아오니 한없이 공허하고 허전했다. 기도했다. 제발 수술이 잘 되기를. 아들의 안전을 지켜주시기를. 그리고 성경을 펼쳤다. 로마서를 읽고 있었기에 연이어 로마서를 읽으려는데 수술을 받고 있을 아들의 모습만 아른거릴 뿐 말씀이 눈에 들어오지 않았다. 산소마스크를 하고 복부를 드러낸 채 죽은 듯 수술대에 널브러져 있을 아들의 모습만 왔다갔다 했다. 자책이 됐다. 나 때문이라고. 나 때문에 저 아들이 저리도 큰 대가를 치루고 있다고. 하지만 두렵거나 불안한 마음은 없었다. 비록 아들의 몸에 칼을 대지 않게 해달라는 기도가 응답되지 않았지만 하나님께서는 분명히 아들의 헌신과 사랑을 귀하게 보실 거라는 확신이 있어서였는지 모르겠으나 마음이 불안하거나 두렵지는 않았다.

아들이 수술실에 들어간 지 두 시간 정도 지났을까. 나도 수술실로 향했다. 여전히 마음은 평안했다. 아무런 두려움이나 불안이 없었다. 그리 긴장되지도 않았다. 친구 목사님이 수술실로 들어가는 나를 향해 외쳤다. "GOD Bless You" 나는 수술실로 들어가면서 친구의 축복을 가슴으로 받아들였다. 아니다. 가슴으로 받은 것이 아니라 가슴에 꽂혔다고 해야 옳다. 그 말과 함께 하나님이 나를 축복한다는 사실이 의심할 수 없는 절대 진실로 다가왔으니까. 든든했다. 대기실에서 30여분 정도 기다리는데도 가슴이 두근거리거나 긴장되지 않았다. 아내가 옆에 서서 내내 내 손을 꼭 잡고 있었다. 따뜻하고 좋았다. 아내의 얼굴을 슬쩍 훔쳐보니 평안해보였다. 내 마음도 평안했다.

수술실에 들어가 조금 있으니 마취하는 의사가 왔다. 마스크를 입에 대더니 숨을 크게 들이 쉬라 한다. 몇 번이나 쉬었을까. 나는 이내 곧 세상에서 가장 깊은 잠에 빠져버렸다. 아무 것도 생각나는 게 없다. 어떤 아픔도 느끼지 못했다. 얼마의 시간이 흘렀는지도 모른다. 지성과 감성과 의지가 완벽하게 정지해버린 완전한 잠이었다. 아니, 죽음 같은 잠이었다. 그리고 뭔지는 알 수 없었지만 주변이 분주하고 사람들이 웅성거리는 소리가 들렸다. 누군가가 눈을 떠보라고 하는데 눈이 잘 떠지지 않았다. 또 내 이름을 부르면서 "정병선님, 수술이 잘 끝났어요. 대답해 보세요"하는 소리가 어렴풋하게 들려왔다. 하지만 목이 묵직한 게 소리가 나오지 않았다.

10시간의 깊은 잠에서 어렴풋하게 깨어나는 순간이었다. 아무 것도 분별할 수가 없었다. 모든 것이 희미했다. 하지만 내가 수술에 들어갔다는 사실이 아득한 옛일처럼 기억났다. 그리고는 내가 지금 살아있다는 사실이 감지됐다. 아내의 목소리가 들렸다. 눈을 뜨고 볼 수는 없었지만 분명하게 들을 수 있었다. 수술이 잘 됐다고. 다운이도 수술이 잘 되어 병실로 들어왔다고. 순간 감사했다. 감사했다. 눈에는 절로 눈물이 맺혔다. 마음이 소리 없이 외쳤다. '아! 살았구나! 살았구나! 하나님! 감사합니다!' 나는 말로 다할 수 없는 감사와 감동에 사로잡혔다. 환희로 출렁였다. 비록 인식은 희미했고, '살아있음'에 대한 의식도 실낱같았지만 살아있다는 사실이 기적처럼 반가웠다. 나중에서야 알았지만 그때 내 몸에는 수십 개의 주사액이 흘러들어가고 있었고, 목에는 인공호흡을 위해 굵은 관이 들어 있었고, 코에도 호스가 연결되어 있었고, 몸은 콘크리트처럼 무겁고 좌우로 움직일 수도 없었지만 '살아있다'는 사실 앞에선 그 어떤 것도 문제가 되지 않았다. 생명의 환희를 억누를 수 있는 것은 아무 것도 없었다. 오직 살아있다는 사실과 '살아있음'에 대한 환희만이 내 의식과 감각을 지배하고 있는 전부였다.

수술을 마치고 중환자실에서 꼬박 팔일을 지냈다. 그 고통과 그 불편함을 어떻게 말로 다 표현할 수 있겠는가. 표현할 수 없기에 말하지 않겠다. 하지만 나는 불평하거나 짜증을 부릴 수가 없었다. 죽음에 들었다가 다시 살아난 생명의 환희가 너무 컸기에….

나는 지금도 내가 살아있다는 사실이 한없이 좋고 기쁘다. 말할 수 없이 감사하고 황홀하다. 때로 내가 나를 바라보고 매만지며 '내가 살아있다는 사실'을 확인하곤 한다. 마치 바라던 일이 이루 어졌을 때, 그게 꿈인지 생시인지 확인하려 제 살을 꼬집어보는 것 처럼.

  좀 거시기 하지만 아내 이야기를 좀 해야겠다. 아내는 평상시 긴장하거나 불안해하는 일이 거의 없다. 벌레는 아주 작은 것이라도 무서워 어찌할 줄을 모르지만 어지간한 일로는 호들갑을 떨거나 화를 내지 않는다. 아내의 영혼 깊은 곳에는 항상 어떤 평안이 숨 쉬고 있다. 그래서일까. 아내를 만난 사람들은 '얼굴이 매우 평온해 보인다'고 한 마디씩 한다. 사실이다. 아내에게는 큰일이란 게 없다. 세상의 모든 것은 하나님 안에서 일시적이고 상대적인 것에 불과하기 때문에 좋은 일이건 나쁜 일이건 그것 자체로 그리 대단할 게 없다는 것이 아내의 기본 태도다. 남편의 건강에 대해서도 항상 염려하면서 끔찍하게 챙기지만 불안해하거나 전전긍긍하지는 않는다. 그 때문일까, 나는 아내 걱정을 거의 하지 않는 편이다. 그런데 이번 수술을 앞두고는 달랐다. 아내가 제일 많이 걱정됐다. 하나밖에 없는 남편과 하나밖에 없는 자식을 수술실에 들여보내 놓고 밖에서 노심초사할 아내가 심히 걱정됐다. 수술하는 아들과 나보다도 수술하는 내내 긴장하고 있을 아내가 더 마음에 걸렸다. 그래서 주변 사람들에게 정중히 부탁했다. 아내를 위해 기도해달 라고.

　수술이 끝난 다음 날 중환자실에서 면회 온 아내에게 물었다. 수술하는 동안 어떻게 지냈느냐고? 무섭고 떨리지 않았느냐고? 그 러자 아내는 그 날의 일들을 말해주면서 수술하는 내내 긴장하거 나 염려할 틈이 없었노라고 대답했다. 아내의 메모 노트에 그 날의 일들이 기록되어 있는데 맨 끝에 이렇게 쓰여 있다. "새벽 6시부터 기도로 시작된 하루가 많은 이들의 든든한 협조적인 동행으로 염 려할 틈이 없었도다. 밤 9시 30분까지. 혈육의 사랑보다 더 진하고 진실한 그리스도인 형제들의 사랑을 받음."

　그랬다. 우리 가족은 혈육의 사랑보다 더 진하고 진실한 그리스 도인 형제들의 사랑을 받았다. 한길교회 성도들의 중보기도와 향 상교회 세겹줄 기도회새벽에서의 중보기도, 새벽 6시부터 향상교회 배상식 목사님과 권순조 전도사님, 유영화 사모님, 김재천 집사님, 이순희 권사님, 오랜 친구 김용은 목사님 내외, 그리고 큰 형님 내외분이 달려와 기도해 주었다. 한길교회 김형수 목사님과 김연희 권사님의 1일 금식 기도, 배영진 목사님을 비롯한 동기 목사님들의 12시간 릴레이식 중보기도, 정주채 목사님 내외분의 방문 기도, 보현 형제 등 많은 분들의 격려 방문이 이어졌다. 세계 각지의 다비안들대구성서아카데미 회원들, 선후배 목사님들을 비롯해 주변의 신앙 동지들이 기도해주었다. 아내가 힘들까봐 하루 종일 옆에서 동행해준 세 명의 여인이 있었다. 거기다 마침 총회 목회자수련회 기간이어서 총회 목사님들이 합심하여 중보기도를 했다고 한다. 정말 생각지 못한 위로와 격려였다.

중환자실에서 아내에게 이런저런 이야기를 전해 듣는데 문득 하나의 생각이 스쳤다. 하나님이 당신의 백성들을 총동원해 우리 가족을 지지하고 격려해주고 계시다는 생각, 하나님께서 미천한 우리 가족을 잊지 않고 사랑한다는 사실을 보여주기 위해 친히 당신의 백성들을 사용하고 계시다는 생각지 못한 생각이 스쳤다. 거기다가 사람들의 일거수일투족까지도 하나님을 대신해 하는 것이라는 엉뚱한 생각이 들었다. 물론 나는 모른다. 내가 그런 생각을 한 것인지, 아니면 그런 생각이 나에게 찾아온 것인지 알 수 없다.

알이 먼저인지 닭이 먼저인지도 알지 못하는 주제에 존재와 생각 사이의 신비를 어떻게 알 수 있겠는가? 존재와 생각 사이의 경계선을 긋는다는 게 애당초 불가능한 일인지도 모르는데, 내가 무슨 수로 알 수 있겠는가? 다만 한 가지 확실한 것은, 사람들의 일거수일투족이 사람의 몸짓이 아니라 하나님 아버지의 사랑의 몸짓으로 다가왔다는 사실이다. 순간 나는 가슴이 벅찼다. 뜨거웠다. 아니다. 사실은 어떻게 표현해야 할지 언어를 찾기가 힘들다. 하지만 굳이 표현하자면 하나님 아버지의 사랑에 내 온 존재가 샤워를 한 듯했다고나 할까. 미천한 나를 살려보겠다고 덤비시는 하나님 아버지의 사랑의 품에 안긴 듯 했다고나 할까. 노자가 일찍이 도道를 말하면서 서두에 "도를 도라고 말하면 그 도는 본래의 도가 아니다"道可道非常道고, "이름을 붙이면 그 이름이 이름 본래의 실체가 아니다"名可名非常名라고 말한 것도 언어라는 게 진실의 세계를 담기에는 절대적 한계가 있다는 걸 절감했기 때문이리라. 인간적인 하나의 경험을 이야기하는 것도 이처럼 어려운데 하나님의 구원의 역사, 부활의 세계를 언어의 그릇으로 담아내는 작업은 얼마나 어려웠을지 이해가 된다. 아무튼 나는 아버지 하나님의 사랑에 겨워 울었다. 나이 50을 넘긴 중년의 사내가 주책없이 울었다. 중환자실에서 지내는 8일 동안 그렇게 울고 또 울었다. 하나님을 생각하기만 해도, 그 이름을 부르기만 해도 쏟아지는 눈물을 어찌할 수가 없었다.

물론 고통이 없었던 건 아니다. 일일이 열거하기에는 너무 많다. 장의 가스가 나오고 최초의 변을 배출하는 것만 해도 26시간 동안의 긴 투쟁을 해야 했으니까. 하지만 지체들을 통해 받은 하나님의 사랑은 그 모든 고통을 감내하게 하는 신비한 힘이 되었다. 침대에 붙박이처럼 꼼짝 못하고 누워 지낸지 9일 만에 중환자실을 빠져나와 준중환자실로 옮겼다. 그것만 해도 살 것 같았다. 준중환자실에 오니 비로소 사람 사는 곳 같았다. 밥 먹는 것 외에는 내 힘으로 할 수 있는 것이 아무 것도 없었지만, 그래도 중환자실을 빠져 나온 해방감은 말로 표현할 수 없을 만큼 컸다. 마음도 한결 여유로웠다.

그리고 2~3일이 지났을까. 뜻밖의 사태가 터졌다. 내 악함과 죄악의 실체들이 떠오르는데, 마치 영화 속에서 말들이 힘차게 질주해오듯이 내 죄악상들이 나를 향해 돌진해오는 것이었다. 물론 대부분은 이미 알고 있는 것들이었다. 이미 고백한 것들이었다. 그런데 달랐다. 같은 죄 인식이었지만 인지의 농도와 깊이가 달랐다. 머리로 안 것을 가슴으로 알았다고나 할까. 죄악 투성이인 내 존재와 삶이 그처럼 형편없고 뻔뻔스러울 수가 없었다. 하나님 아버지의 사랑을 받은 자라 하기에는 너무 무정했다. 사랑에 사랑으로 응답하지 못한 삶의 자취들이 혐오스럽고 수치스러웠다. 그리고 더욱 놀란 것은 내가 수행해왔던 목회조차도 죄악 덩어리라는 사실이었다. 그동안 나는 내가 수행한 목회에 대해 하나님 앞에서 정직했다고 생각했다. 말씀에 비추어 욕망을 절제했다고 생각했다. 그런데 그게 아니었다. 내가 한국교회의 반성서적인 행태를 비판하며 나름 개혁적인 목소리를 낸 것이 실은 그걸 통해 내 이름을 나타내려는, 나는 다르다는 것을 내보이려는 또 다른 욕망의 작태였음이 보였다. 물론 정직하지 않았다는 이야기가 아니다. 가짜 복음의 실체를 까발려 거짓 복음의 종노릇하지 않도록, 진정한 복음의 영광과 자유를 맛보도록 성도들을 해방시켜야겠다는 진정성이 없었다는 이야기가 아니다. 진정성이 있었지만 그것이 전부가 아니었다는 이야기다. 정직을 통해 나를 홍보하고, 내가 말하는 복음이 더 정직한 복음이요 진정한 복음에 가깝다는 것을 과시하려는 속셈이 있었다는 이야기다. 거짓으로 포장된 하나님이 아니라 진짜 하나님을 팔아서 뭔가를 얻어 보겠다는 심사가 있었다는 이야기다. 그랬다. 부정할 수 없었다. 나는 하나님과 복음을 파는 자였다. 날이면 날마다 그분의 사랑에 깊이 감사하며 살았지만 그럼에도 나는 하나님의 복음을 파는 자였다. 예수를 팔아먹는 자들이라고 생각했던 그들뿐 아니라 나도 장사치이기는 매양 한가지였다. 구제받을 수 없는 역도였다. 발로 걸어 차버리지 않고는 견딜 수 없는 더러운 놈이었다. 도저히 그분 앞에 내 존재를 내놓을 수 없는 허접한 물건이었다. 나라는 물건을 어찌해야 좋을지 막막했다. 내 존재가 그처럼 불쌍해 보일 수가 없었다. 참을 수 없는 내 존재의 비참함에 차라리 눈을 감고 싶었다. 충격이었다. 눈물이 쏟아졌다. 뜨거운 눈물이었다. 뺨이 데이는 줄 알고 눈물을 훔치지 않을 수 없었을 만큼 뜨거운 눈물이 하염없이 쏟아졌다.

그리고 며칠 후 나는 놀라운 진실 하나를 발견했다. 주체할 수 없는 그분의 사랑이 나를 회심에 이르게 한 근원이었다는 진실, 사랑과 회심 사이에는 깊은 연결 고리가 있다는 진실을 말이다. 그랬다. 곱씹으면 곱씹을수록 사랑만이 사람을 회심케 하는 유일한 길임이 분명해보였다. 우리 부부가 아들을 키우면서 끊임없이 확인했던 것도 바로 그거였다. 어떤 상황에서도 아들을 사랑하는 것만이 아들에게 줄 수 있는 최상의 선물이고, 또 그래야만 진정으로 변화될 수 있다고 말이다. 그런데 나는 이번 경험을 통해 다시 한 번 확인할 수 있었다. 사랑이 사람을 회심케 하는 능력의 근원이라는 것을.

전지하시고 전능하신 분이라는 하나님께서도 사랑 외에는 인간을 변화시킬만한 길을 찾지 못하기는 마찬가지였다. 하나님이신 그분이 이 땅에 오시고, 십자가를 지신 걸 보라. 무엇 때문이었는가? 그것만이 사랑이기 때문이고, 또 사랑 외에는 길이 없기 때문이었다. 오직 사랑만이 사람과 세상을 바꾸는 유일한 길이요 가장 효과적인 길이기 때문이었다.

아들은 수술 다음 날부터 수술 부위에 피가 나기 시작했다. 그리고 마취 때문에 장운동이 정지해있다가 장腸이 열리는 과정에서 생각지 못한 극심한 고통을 당했다. 죽음 같은 고난의 행군을 했다. 나는 중환자자실에서 홀로 지냈기 때문에 자세히 알지 못했지만 옆에서 지켜 본 아내가 아들의 상황을 메모한 것을 토대로 몇 가지를 추려 옮기면 이렇다.

＊수술 다음 날인 13일 : 허리 통증으로 진통제 세 차례 투여. 저녁 때 상처 부위 피남. 혈장 4개 수혈. 알부민 투여.

＊14일 : 아침 7시 20분에 주치의가 상처 소독하는데 수술 부위

를 처음 보고 칼로 가른 상처가 너무 깊고 넓어 눈물이 가슴
에서 펑펑 쏟아짐. 명치끝에서 아래로 7센티미터, 그 좌우로 복부를 정확
하게 30센티미터 갈랐음

* 15일 : 통증 계속 됨. 상처에서 두 번째 출혈. 저녁 늦게 진통
제 투여하여 잠을 청함.

* 16일 : 아침 6시 30분 진통제 요청. 저녁 먹고 나서 복부 불편
감 시작. 속이 매슥거리고 토할 것 같아 견디기 힘든데 어지
럼증까지 있어서 너무 괴로워함. 가스와 함께 복부 팽만감과
변이 나올 것 같아 화장실 4~5차례 드나들고 가스와 물 조금
배설. 몸 상태 도저히 견딜 수 없어서 가슴팍에서부터 잠시
숨 죽여 소리 내어 눈물을 흘림. 얼마나 아팠으면… 나도 같
이 흐느껴 울다 기도 후 잠들었지만 밤새 불편하여 잠이 깸.
새벽 5시쯤 다시 매슥거려 화장실 가서 토함. 피가 섞여 나와
다운이 많이 놀람. 간호사는 위장관 코 삽입으로 상처입은 것
같다며 경미하니 안심하라고 달램. 아들은 코에 고무관을 삽입한 것
을 가장 힘들어 함 토한 후 걸을 수 없어 휠체어에 의지해서 복도
두 바퀴 돌고 옴.

* 17일 : 새벽부터 매스꺼움, 구토, 어지럼증이 계속 됨. 설사 3
번. 장腸 활동의 회복을 위해 휠체어어지러워 도저히 걸을 수 없음
로 병원 복도 두 바퀴 돌고 옴. 복부 사진 촬영 시 또 설사. 복

부 이상 없음 확인. 중환자실 면회 후 다시 한 번 설사. 밤 12시 걸음을 연습하는 보조 기구에 몸을 구푸려 싣고 걷기 시도. 휴게실에 탁자, 소파 의자를 모아 침상 마련 후 이불 갖다가 새벽 5시까지 누워서 지냄. 깊은 밤 아무도 없는 병원 복도에서 걷기를 시도하다가 복도 바닥에 엎드려 눕다가 다시 추슬러 일어나 걷기를 반복. 장 활동을 회복시키기 위해서는 아무리 힘들어도 걷기를 해야 한다는 의사의 지시에 따름 밤 12시, 3시, 6시 간격으로 구토와 설사를 함. 수액 주사. 수액 주사 후 계속 속이 좋지 않은 가운데 기도. 일어나라! 아들아! 일어나라! 아들아! 주님, 힘주신다! 주님, 고치셨다! 아멘!! 놀라우신 주님! 언제나 기도를 들으시는 하나님! 감사드립니다.

*18일 : 새벽 6시 30분경 복부 CT 촬영. 어제보다 가스 찬 곳이 더 많아 보임. 심하지는 않지만 장 유착 증세일 가능성이 큼. 긴급 기도 부탁. 구토로 위와 식도 사이 점막 파열 우려 있어 위장관 다시 삽입 결정. 30분이 채 안 되어 콧줄 빼라고 간호사 부르면서 힘들다고 신음 함. '아빠도 콧줄 끼고 잘 지내고 있다' 는 말에 마음 가라앉히고 적응하려 자세를 시도함. 저녁에 위장관 삽입한 채 힘든 가운데 운동을 시도함.

*19일 : 새벽 5시 40분경 또 다시 복부 사진 찍음. 6시쯤 스스로 맑은 방귀 뀜. 할렐루야! 기뻐 다운이 앞에서 만세를 부름.

17일과 18일 밤을 병실과 복도를 오가며 꼬박 날을 샘. 다운이 견딜 수 없는 최악의 고통을 겪어냄. 온화하고 평온하게 묵묵히 참아냄. 견딜 수 없어 웩웩거리면서도 산책 시도. 의지를 곧추세우고 묵묵히 견뎌내는 모습이 눈물겨움. 한 번의 원망이나 불평이 없음. 10시 정도부터 위에서 올라오는 분비물 배출이 없음. 아랫배 편안해 짐. 확실히 장이 열렸음을 확신하고 떼쓰듯 위장관 콧줄 제거 요청. 조재원 선생님께서 콧줄 제거하라 명함. 해방됨. 콧줄 빼고 복부 상처 벌어진 부분을 꿰매고 와서 침대에 앉자마자 내 가슴팍에 얼굴을 기댄 채 흐느껴 울기 시작. 얼마나 힘들었는지 복받쳐 울음. 나도 울고. 다운이가 운동가자 한다. 마지막 방귀 한 방을 완벽하게 표출하고 싶다 한다. 걷다가 내 손을 잡고 우리 기도하자 한다. 복받치는 눈물과 함께 다운이와 나는 곁에 있는 사람들도 의식하지 못한 채 간절히 기도. 복도를 걸으며 가슴 벅찬 아픔과 감동의 눈물을 글썽이는 다운이!

*20일 : 새벽 1시쯤 다시 매스꺼움 증세 시작되어 밖으로 나가 필사적으로 운동 시작. 장 유착이 오지 않도록 아들은 눈물겹게 걷기 운동을 함 수십 바퀴를 걷고 누워서 다리 털기 운동을 하여 새벽이 밝아올 때쯤 2차례 방귀 뀜. 새벽 6시쯤 팽만감이 느껴지던 복부가 가라앉음. 그러나 다시 매슥거려 주치의 달려와 청

진함. 복부를 누르니 오른쪽 부분이 가장 아픔. 또다시 CT 촬영 결과 이상 없다 함. 11일부터 오늘 20일까지 금식 상태 계속.2일 물, 1끼 죽 외 밤새 끙끙 앓으면서 심호흡을 함.

＊21일 : 새벽 6시쯤 작은 고체 7덩이 변을 눔. 물 먹기 시작. 밤 12시 20분경 복부 사진 촬영.

＊22일 : 미음으로 첫 식사를 힘들게 먹음.수술 후 꼭 10일 만에 첫 식사를 함 시원한 변을 모처럼 봄. 장 유착은 없다고 안심.

＊23일 : 오후 2시경 토함. 얼음 계속 물고 뱉기를 반복. 또 복부 사진. 결과 이상 없음. 위장 쓰림으로 무척 괴로워 함. 얼음 물고 뱉기를 한참을 하다가 점심도 먹지 못한 채 침대에 엎드려 잠을 잠. 한 잠 자고 난 후 속 쓰림 증세 사라짐. 기력 점차 회복.

＊24일 : 새벽 1시 30분 1차례 토함. 밤새 운동하다가 새벽 7시 잠시 침상에 엎드려 눈 붙임. 운동하다가 지쳐 간호사실 앞에 앉아 바닥에 무릎 꿇고 기도. 성자의 모습을 보다. 머리 감고 수염 다듬고 야외에 나가 바람 쐬고 들어옴.

＊25일 : 밤새 잘 잠. 새벽녘에 깨었는데 아무 이상 없어서 참 좋았다고 함. 정말 오랜만에 평강 가운데서 밤을 지냄. 감사! 감사! 감사! "이제 살아났다"는 다운이의 고백.

－어깨 글자는 필자가 설명을 덧붙인 것임－

아들은 이렇게 힘든 투쟁을 계속하다가 31일, 그러니까 수술 후 꼭 20일 만에 퇴원을 했다. 보통 10일 정도면 퇴원을 하는 데 아들은 20일 동안 거의 먹지 못하고 자지 못한 채 죽음 같은 고통과 싸움을 하다가 퇴원을 했다. 사실 이 기록으로는 아들이 겪은 고통의 실상을 전할 수 없다. 옆에서 그때그때 이야기를 전해들은 나도 아들이 겪은 고통의 실체를 알지 못하는데, 아내가 아들 곁을 잠시도 떠날 수 없어 내 면회를 오지 못한 적이 두 번이나 있었던 걸 통해 짐작만 할 뿐이지 실상을 충분히 알지 못하는데, 글 몇 줄로 어떻게 전할 수 있겠는가? 오직 온 몸으로 겪어낸 아들과 옆에서 지켜본 아내 외에는 누구도 알 수 없을 것이다. 그렇다면 아들이 당한 고통의 조각들을 이렇게 모아다가 늘어놓는 것은 무엇 때문일까? 그건 그걸 통해 할 이야기가 있기 때문이다.

앞에서도 말했지만 아들의 이런 고통은 정말 눈곱만큼도 예상치 못한 일이었다. 사진을 계속 찍어보아도 복부에 이상이 없다는데, 아들은 계속 토하고, 신물이 올라오고, 말할 수 없는 고통을 겪고 있으니 정말 답답했다. 좀처럼 긴장하지 않는 아내도 점차 긴장하기 시작했고, 나도 걱정이 되기 시작했다. 이러다가 아들에게 큰일이 닥치는 건 아닐까 하는 두려움이 엄습하기도 했다. 하지만 걱정과 긴장, 두려움 속에서도 우리 부부에게는 한 가지 흔들리지 않는 신뢰가 있었다. 하나님께서 아들을 만지고 계시다는 깊은 신뢰가 가슴 저 밑바닥에 흐르고 있었다. 나는 아내에게 말했다. "하나님께서 다운이가 감당해야 할 고통의 끝자락까지 밀고 가실 것이다. 하지만 그 끝에는 평안의 항구를 준비하고 계실 것이다. 그러니 염려하지 말라. 두려워하지 말라." 아내도 동의했다. 물론 순간순간 두렵고 불안했다. 안절부절 하기도 했다. 최악의 상황들이 머릿속을 헤집고 다니기도 했다. 하지만 두려움과 불안의 파도가 우리를 휩쓸지는 못했다.

나는 어떤 상황에 대해 '이것이 하나님의 뜻이다' 는 말을 거의 하지 않는 편이다. 아들의 상황에 대해서도 마찬가지였다. 아들이 상상하지 못한 고통을 겪는 것을 하나님의 뜻이라고까지 생각하지는 않았다. 하지만 말로는 설명하기 어려운 깊은 신뢰가 우리 부부에게 있었다. 하나님께서 아들 다운이를 만지고 계시며, 다운이의 사랑과 헌신을 기쁘게 받아주셨을 것이라는 믿음이 있었다. 또한 하나님은 평탄하고 좋은 것을 통해서만 당신의 사랑과 은총을 베푸시는 분이 아니고 험난하고 고통스런 일들을 통해서도 사랑과 은총을 내미시는 분이며, 평탄하고 복된 것보다는 오히려 험난하고 고된 것 속에 그분의 사랑이 담겨 있는 경우가 더 많다는 영적 지각이 있었다. 하여, 우리 부부는 두렵고 불안하기 그지없는 상황

속에서도 두려움과 불안의 포로가 되지 않을 수 있었다. 물론 그 반대도 진실이다. 우리 부부는 하나님의 손길에 대한 깊은 신뢰 속에서도 순간순간 불안하고 두려웠다. 정녕 회복될 것이라고 믿었지만 의혹의 구름이 없지는 않았다. 정녕 그랬다. 신뢰와 불안, 평강과 두려움이 공존했다. 그리고 신뢰와 불안, 평강과 두려움이 따로 국밥으로가 아니라 함께 뒤섞여 있는 비빔밥으로 존재하는 것이 피할 수 없는 신앙의 현실이라고 생각한다. 그것은 '신앙 없음'의 증표가 아니라 '신앙 있음'의 증표라고 생각한다.

또 하나 매우 중요한 사실이 있다. 그것은 아들이 겪어내고 있는 고통 속에서 사랑의 맨 얼굴을 보았다는 사실이다. 그것도 매우 똑똑하게, 아주 실체적으로 말이다. 사랑은 말이 아니고, 관념이 아니고, 마음이 아니라는 것을. 사랑은 기꺼이 대가를 지불하는 것이라는 것을. 사랑은 마음이나 관념이 아니라 몸으로 하는 것이라는 것을. 자기를 내어주는 것이라는 것을. 아들이 자기 몸을 내어놓은 것으로도 부족해 온 몸으로 고통을 감수하고 있는 저것이 바로 사랑이라는 것을. 그랬다. 아들은 사랑의 진실을 온 몸으로 수행했고, 나는 그 아들을 통해 사랑의 실체를 보고 배웠다. 그리고 아들을 통해 십자가의 사랑을 다시 한 번 실체적으로 이해할 수 있었다. 달리는 그분의 사랑을 표현할 길이 없기에, 죽음이라는 대가를 지불하는 것만이 죽음의 저주 아래 살고 있는 인간을 향한 유일무이한 사랑의 길이기에 십자가로 향해야만 했다는 것을 명증하게 이해할 수 있었다.

아들이 고통의 한 복판에서 신음하고 있을 때 말했다. 이번 간이식 수술은 아빠를 위한 것이 아니라 자기를 위한 것이라고. 자기를 변화시키기 위해서 이 많은 고통을 겪게 하신 것이라고. 놀라웠다. 여기까지 인도하신 하나님이 한없이 감사했다. 아들이 비록 지옥 같은 고통을 처절하게 겪기는 했지만 하나님께서는 그 모든 것을 통해 합력하여 선을 이루셨으니 어찌 그분의 지혜와 놀라운 능력을 찬양하지 않을 수 있겠는가. 만일 아들이 지난한 고통의 과정을 겪지 않았다면 나뿐 아니라 아들도 사랑을 배우지 못했을 것이다. 이식 수술의 전 과정이 앞으로의 삶에 큰 자산이 되지는 못했을 것이다. 그런데 다행히도 아들과 나는 고통의 과정을 통해서 인생의 큰 가르침과 자산을 얻고 배울 수 있었다. 고통의 과정은 실로 지난했지만 고통의 결과는 엄청난 은총이요 축복이었다. 그리고 부끄러웠다. 아들의 몸에 칼을 대지 않고 내 간을 회복시켜 달라고 기도했던 내 생각의 미천함이 심히 부끄러웠다.

10

현실과 비현실의 벽이 무너지다

사람들이 수술을 기피하는 건 일반적으로 통증에 대한 공포 때문일 것이다. 그런데 요즘은 환자가 자신의 통증 정도에 따라 주사약을 조절할 수 있을 정도로 통증클리닉이 발달해서 통증으로 고생하는 일은 거의 없다. 나도 수술 후 통증 때문에 고생하지는 않았다. 수술 후 중환자실에서 지내는 동안 정말 힘들었던 건 중환자실에서 지내는 것 자체였다. 중환자실은 밤과 낮이 따로 없다. 하루 24시간 내내 환자의 상태를 면밀히 살펴야 하기 때문에 중환자실은 항상 대낮처럼 밝다. 거기다 환자들을 돌보는 간호사들의 바쁜 움직임, 수술이 막 끝난 환자가 들어올 때마다 고조되는 긴장된 분위기, FM 음악 방송에서 쉬지 않고 흘러나오는 노래와 젊은 진행자들의 시시껄렁한 잡담, 마지막 생명의 끈을 붙잡고 신음하는 환자들의 처절함, 말하는 것과 손을 움직이는 것 외에 할 수 있는 것이란 아무 것도 없는 상태에서 하루에 30분씩 2번 면회하는 것 외에는 외부와 단절된 채 24시간을 누운 채로 지내야 하는 중환자실에서의 생활은 그 자체가 견디기 어려운 고역이었다. 특히 밤에는 도통 잠을 잘 수가 없었다. 난생 처음 수면제를 먹기도 했다. 많이 힘들었다.

그렇게 지옥 같은 중환자실을 빠져나와 준중환자실로 옮겼다. 수술 후 9일 만이었다. 비로소 사람 사는 곳 같았다. 말할 수 없이 감사했다. 그리고 며칠 후 나는 생애 처음으로 현실과 비현실의 벽이 무너지는 생경한 경험을 했다. 원인은 알 수가 없다. 좌우지간 의식이 또렷하지 않았다. 눈을 감으면 곧바로 상상의 세계가 펼쳐지는데, 상상 속에서 벌어진 일과 현실이 마구 뒤섞여서 어느 것이 현실이고 어느 것이 비현실인지를 구별하기가 어려웠다. 믿기 어렵겠지만 밥을 먹는 것부터가 그랬다. 밥을 먹으면서도 내가 먹는 것이 진짜 밥인지, 아니면 밥을 먹는다고 생각하는 것인지가 헷갈렸다. 분명히 눈앞에 있는 밥을 보고 숟가락을 들어 그 밥을 뜨면서도 정말 내 앞에 밥이 있는 것인지, 아니면 밥이 있다고 생각하는 것인지가 헷갈렸다. 하여, 밥을 먹으면서도 먹는다는 게 실감나지 않았다. 사물을 바라보는 눈의 초점도 정확하지가 않았다. 똑바로 응시할 수가 없었다. 면회 시간에 아내가 와도 별로 반갑지가 않았다. 반갑지 않은 것도 아니었지만 반가운 것도 아니었다.

　그러던 어느 날 밤에 벌어진 상상 속의 일이다. 한 간호사가 나에게 다가오더니 환자의 피를 다른 피로 바꾸면 몸이 기막히게 좋아진다고 했다. 예를 들면 A형 피를 가진 사람은 B형 피로 바꾸고, B형 피를 가진 사람은 O형으로 바꾸는 것이 좋다는 것이다. 병실 환자들 모두 다른 피를 수혈하면 좋은데, 이번에 이 병실 환자에게만 특별한 혜택이 주어졌으니 다른 병실 사람들에게는 이야기하지 말고 다른 피를 수혈하라는 것이었다. 이것은 병원에서도 공식적으로는 불가능한 일이라서 비공식적으로 하는 것이니 꼭 비밀을 지키고 피를 교환하라는 거였다. 결국 나를 포함해 병실에 있는 4명의 환자들은 피를 교환하기로 하고 밤새도록 피를 교환했다. 그런데 피를 수혈하는 중에 보니 피를 뒤섞어 수혈하는 것이었다. 나는 속으로 생각했다. 혈액형이 다른 피를 어떻게 수혈하지? 이건 도무지 이해할 수 없는 일이라는 생각이 들었다. 중단하지 않으면 큰 일 난다는 생각도 들었다. 그렇지만 결국은 간호사 지시대로 끝까지 수혈을 마쳤다. 그리고 눈을 떴다. 아침이었다. 기분이 좋지 않았다. 밤새 피를 뒤섞어 수혈한 것이 영 마음에 걸렸다. 몸속에

넣지 말아야 할 것을 넣었으니 이내 곧 무슨 일이 터질 것만 같아 불안했다. 그런데 간호사를 보니, 간호사는 정작 아무 일 없는 듯 태연했다. 나는 태연한 간호사를 보면서 '왜 지난밤에 말도 안 되는 짓을 했느냐? 다른 피를 수혈하면 어떻게 하나?고 항의하고 싶었다. 하지만 또 한편으로는 '이건 정말 터무니없는 일이다. 병원에서, 그것도 국내 최고의 병원에서 그런 일을 할 리가 없다. 그런 일은 절대 있을 수 없어' 하는 생각도 들었다. 하여, 적잖이 갈등이 됐다. 묻자니 잘못하면 창피를 당할 것 같고, 묻지 않고 넘어가자니 어젯밤 일이 너무 마음에 걸리고, 정말 이러지도 저러지도 못한 채 갈등의 시간을 보냈다. 과연 어젯밤 일이 사실인지, 아니면 환상인지, 정말 구분할 수가 없었다. 심히 번민해야 했다. 이 외에도 실감나는 사건이 또 하나 있었다. 너무나도 생생한, 그러나 (현실이 아닌 사건이 있었지만) 같은 맥락의 일이기 때문에 생략한다.

아무튼 나는 뜻밖에도 현실과 비현실의 구분이 명확치 않은 몇 날을 보냈다. 아내는 그런 나를 보면서 바보가 된 것 같다고도 했고, 현실을 초월한 사람 같다고도 했다. 그렇게 4~5일 정도 지났을까, 정신이 좀 돌아왔다. 사물들이 명확히 보이고, 현실 인식이 또렷해지기 시작했다. 마치 안개 속을 헤매다가 안개가 걷히는 것 같은 느낌이었다. 나중에 알고 보니 마취 후유증으로 그런 경우가 있다고 했다. 나는 수술 후 10여일이 지나서 그런 증상을 겪었다. 실로 처음 겪는 이상야릇한 경험이었다. 현실과 비현실이 혼돈 상태에 빠져 망상이 기막힌 현실이 되고, 현실이 비현실이 되는 기상천외한 경험이었다. 나는 다행히 한 가닥 정신의 끈을 놓지 않을 수 있어서 비현실의 세계를 완전한 현실로 착각하지는 않았지만 조금만 더 증상이 깊었더라면 틀림없이 정신 이상자 취급을 받았을 것이다.

그 후 나는 정신 이상자의 심정이 어떠한 것일지를 알 것 같았다. 비록 모든 사람이 사실이 아니라 해도 그 사람에게는 그것이 너무나도 분명한 사실이니까, 그 사람의 의식 세계에서 벌어지는 일이지만 그 사람에게는 그 모든 것이 부정할 수 없는 현실이니까, 그 사람으로서는 망상을 현실로 인식하지 않을 도리가 없다는 게 이해됐다. 사실 그렇다. 그 사람 입장에서 보면 그 사람은 절대 망상 속에 빠져 있는 게 아니다. 그 사람에게는 망상이 곧 부정할 수 없는 현실이기 때문에 망상을 사실이라고 고집하는 것 외에는 달리 어찌할 수가 없는 것이다. 물론 자기 의식세계 안에 갇혀 있는 것이 문제다. 의식 세계와 객관적 현실을 구분하지 못하는 심각한 장애를 입은 것임이 분명하다. 하지만 한 가지 분명한 사실은 현실과 비현실의 벽이 생각만큼 그렇게 견고하지 않더라는 것이다. 나의 짧은 경험에 비추어 보건대 정신이 온전한 사람과 온전치 못한 사람은 백짓장 한 장 차이더라는 것이다. 현실과 비현실을 구분하는 인식의 벽은 언제든지 무너질 수 있고, 사람은 어떠한 연유로든지 자기의 의식세계 안에 갇힐 수 있더라는 것이다. 그런 면에서 보면 우리 모두는 어느 정도 자기의 의식세계 안에 갇혀 있는 정신 이상자, 자기 안경으로만 세상을 바라보는 정신 이상자인지도 모르겠다는 생각이 든다.

11

'살아있음'과 '삶'

나는 퇴원 후 최소한의 운동이라도 해야겠기에 집밖에 나가 걷기를 했다. 있는 힘을 다 해야 겨우 한 걸음씩 떼는 걸음이었지만 그래도 아파트 단지 안에 있는 초등학교에 나가 10여분씩 걸었다. 그러던 어느 날 눈에 익은 숲과 하늘이 눈에 들어왔다. 6월의 푸르름이 그렇게 싱그러울 수가 없었다. 시끄럽게 떠들며 뛰노는 아이들의 얼굴과 눈망울이 참 예쁘고 사랑스러웠다. 씩씩하게 발걸음을 떼는 사람들의 움직임도 경쾌해 보였다. 그리고 순간 그 모든 것이 생명이라는 진실을 발견했다. 그랬다. 모두가 생명이었다. 팔팔 뛰는 생명이었다. 아니, 생명 아닌 것이 없었다. 하늘, 땅, 들, 산, 길에 있는 것들이 온통 생명이었다. 생명, 생명, 생명이었다.

정말 아름답고 찬란한 생명의 향연이 눈앞에 펼쳐져 있었다. 하나님이 펼치신 생명. 하나님이 지키시는 생명. 하나님이 사랑하는 생명. 그렇다. 70억의 사람을 비롯해 헤아릴 수조차 없는 온갖 생명들이 펄떡이는 지구촌은 정말 생명 덩어리다. 지구를 넘어 온 우주까지도 온갖 생명들을 품고 자라게 하는 생명의 어머니요 생명의 자궁이다. 특히 지구는 너무도 풍성하고 다채롭고 아름답고 운율이 넘치는 생명의 동산이다. 그리고 그 다채롭고 운율이 넘치는 생명의 동산에서 나도 함께 숨 쉬고 있다는 사실이 너무나도 놀랍고 감사했다. 나도 생명 가운데 생명의 일환으로 존재하고 있다는 사실이 정말 기적처럼 반갑고 행복했다.

법정 스님이 말했다던가. 살아있는 것은 다 행복하라고. 맞다. 살아있는 것은 다 행복해야 한다. 살아있는 것은 다 존중받아야 한다. 살아있다는 건 은총이고 위대한 일이며, 온 천하와도 바꿀 수 없는 최고의 환희요 축제요 축복이다. 산다는 것이 비록 힘들고 고달프기 그지없지만 그럼에도 살아있다는 건 경축해야 할 일이다. 그런데 문제가 있다. 행복하기가 어렵다는 것이다. 인생살이가 얼마나 힘들고 고달픈 것이면 석가가 고해苦海라 했겠는가? 인생살이가 얼마나 아픈 상처투성이면 목숨을 끊는 사람들이 그렇게 많겠는가? 그렇다. 고통이 없는 인생은 없다. 눈물이 없는 인생은 없다. 하지만 그럼에도 '살아있음'을 행복해할 수는 있다고 생각한다. 그리고 '살아있음'을 행복해할 수 있는 경지에 이른 '살아있음'을 나는 '삶'이라 부르고 싶다. '삶'은 '살아있음'의 완성이요 '살아있음'의 참이기에 모든 '살아있음'은 '삶'을 꿈꾸고 지향하는 것이라고 생각한다.

　물론 '살아있음'을 행복해할 수 있는 경지란 쉽게 오를 수 있는 게 아니다. 쉬지 않고 자기를 비워내야만, 하나님의 자유 앞에 엎드릴 수 있어야만 겨우 오를 수 있고, 또 올랐다 하더라도 언제 떨어질지 모르는 게 그 경지다. 더욱이 사람에게 가장 힘든 것이 바로 자기 비움이고 하나님의 무한하신 자유 앞에 엎드리는 것 아니던가? 사람들이 끊임없이 비움 대신 채움을, 하나님의 자유 앞에 서는 대신 하나님을 규정하고 조종하려는 종교적 자기중심성을 발동하는 것도 그게 어렵기 때문 아니던가? 성공과 소유와 자기중심적 종교심을 통해 행복을 얻으려고 헛된 몸짓을 하는 것도 자기 비움과 하나님의 자유 앞에 엎드리는 게 힘들기 때문 아니던가? 그래서 다들 간절히 '삶'을 꿈꾸면서도 '삶'을 놓치는 것 아니던가?

　지금 이 글을 쓰고 있는 나도 매양 한 가지다. 나는 지금 누군가를 향해 이 글을 쓰는 게 아니다. 나를 돌아보며 나를 향해 쓰고 있다. 수술 후 처음에는 '살아있음'이 감격이었던 나, 혼자 힘으로

일어설 수 있는 것만으로도 행복해했던 나, 수술한지 6개월이 지
난 지금 신비스러울 만큼 회복된 몸을 느끼며 한없이 감사하고 있
는 나, 그런데 처음의 감격이 많이 잠잠해진 나, 새로운 생명의 기
회를 어떻게 살아야할지 모든 게 불확실한 미래를 고민하는 나, 채
움에 대한 욕구가 스멀스멀 솟아오르는 나, ‘살아있음’을 행복해
하는 경지에서 저만큼 내려와 있는 나를 보며 이 글을 쓰고 있다.
물론 어리석음의 단계까지 내려오지는 않았지만 누가 알겠는가?
언제 어리석음의 단계로 추락할지. 추락하는 것은 날개가 없다 하
지 않던가? 한 순간에도 천길 아래로 추락할 수 있는 것이 사람 아
니던가?

그래서 나는 추락하지 않기 위해 예수 그리스도를 바라본다. 예
수님은 우리의 ‘살아있음’을 위해, 아니 ‘살아있음’이 곧 행복이
될 수 있도록 하기 위해 우리의 밥이 되셨으니까. ‘살아있음’이 곧
행복이 될 수 있는 나라, 곧 하나님나라를 이루기 위해 구원의 사
건이 되셨으니까. 그 밥을 먹음으로 ‘살아있음’을 경축할 수 있는
경지, 즉 ‘삶’이라는 은총의 자리에 참여할 수 있게 될 테니까. 나
는 꿈꾼다. ‘살아있음’을 행복해 할 수 있기를. 비록 수술 후 처음
의 감격이 많이 잠잠해졌지만, 불투명한 미래 때문에 고민하고 있
지만, 채움에 대한 욕구가 스멀스멀 솟아오르는 나를 불안한 눈빛

으로 바라보고 있지만, 그럼에도 나는 포기하지 않고 꿈꾼다. '살아있음' 이 어찌할 수 없는 아픔이요 상처인 것을 알고, 또 '살아있음' 이 행복만은 아니라는 것도 알지만, 누에가 자기 몸에서 실을 뽑아내듯 인생의 상처와 눈물 속에서 뽑아내는 행복을 감히 꿈꾼다.

그러면서 스스로에게 묻는다. 무릇 인생이란 '살아있음' 에서 '삶' 으로 나아가는 과정이어야 하지 않을까? '살아있음' 에서 '살아있음' 이 고통인 단계를 지나 '살아있음' 을 행복해하는 단계로 나아가는 과정, 그 지난한 과정이 바로 인생이요 신앙이어야 하지 않을까? 하여, 아직은 저만치에 있지만, 죽는 날까지도 저만치에 머물러 있겠지만, 그럼에도 '살아있음' 을 행복해할 수 있기를 어린 아이처럼 꿈꾼다.

수술 이후의 과정을 한 마디로 요약한다면 '몸의 시간'이었다고 할 수 있겠다. 수술 전에도 간 때문에 항상 조심하고 몸의 변화에 민감했었지만 수술 이후의 과정은 또 달랐다. 오직 몸을 돌아보고, 몸의 변화에만 촉수를 집중할 뿐 다른 것은 다 뒷전이었으니까. 몸 외에는 세상의 어떤 일도 눈에 들어오지 않았으니까. 병원에 있는 동안 노무현 전 대통령의 충격적인 사망 사건이 있었지만, 그 일조차도 크게 다가오지 않았으니까. 그리고 그렇게 몸 하나가 전부인 특별한 시간을 보내면서 새롭게 발견한 것이 있다. 바로 몸이다. 몸의 물성物性이다.

　내가 몸의 물성을 발견하게 된 것은 많은 사례들을 겪고 나서인데, 몸과 사람의 존재 양식에 대한 기존의 인식에 균열을 가한 첫 번째 경험은 수술 직후였다. 수술이 끝난 후에 보니, 내 몸에 연결되어 있는 주사 바늘이 대략 스무 가지는 되어보였다. 나는 무슨 주사약이 그렇게 많은지, 무엇 때문에 투약하는 것인지도 알지 못한 채 외부에서 공급되는 주사약에 의지해 며칠을 지냈다. 음식은 말할 것도 없고, 약조차 먹을 수 없는 상황에서 모든 걸 주사약으로 해결하고 있는 나를 보고 있자니, 이건 사람이 아니라 꼭 기계 같다는 생각이 들었다. 내 의지나 판단과는 상관없이 의사의 일방적 처방에 따른 주사약에 의존해 살고 있는 나, 평상시의 생존 방식과는 전혀 다른 방식으로 현존하고 있는 나를 보면서 나라는 존재가 매우 낯설게 느껴졌다. 또한 내 몸이 망가진 간을 적출하고 건강한 간을 이식한 몸이라는 것도 생경한 느낌이었다. 마치 영화 속 기계 인간이 된 것 같은 느낌이었다. 묘했다.

　병원에 있으면 거의 날마다 혈액 검사를 한다. 몸의 상태를 놓치지 않고 제 때 체크해야 하기 때문에 날마다 혈액 검사를 한다. 이상 징후가 있을 때는 하루에 두 번을 하기도 한다. 혈액 검사뿐 아니다. 갖가지 검사가 쉬지 않고 진행된다. 병원생활은 그야말로 검사의 연속이다. 그리고 검사 결과에 따라 각종 처방을 하는데,

통증이 있으면 진통제를, 피가 부족하면 수혈을, 피 중에서도 혈소판이 부족하면 혈장 수혈을, 잠을 못자면 수면제를, 장운동이 느리면 장운동 촉진제를, 알부민이 부족하면 알부민을, 설사를 하면 음식을 끊고 지사제를 공급한다.

수술 후 2주쯤 지나서의 일이다. 밤에 갑자기 위장이 쓰리고 아팠다. 그 전까지는 아무런 증상이 없었는데 갑자기 견딜 수 없을 만큼 쓰리고 아픈 것이었다. 아침 일찍 서둘러 약을 처방해 먹었는데도 증세가 호전되지 않았다. 이번에는 한 단계 더 높은 수준의 약을 처방해 먹었다. 그러자 거짓말처럼 통증이 사라졌다. 그 후로도 며칠 동안 새벽이면 위장이 쓰리고 아팠는데 그 약만 먹으면 신기하게도 1분이 안 돼 아픔이 사라졌다. 정말 놀라웠다.

장기를 이식한 사람은 예외 없이 면역억제제를 복용한다. 내 몸 안에 있는 면역 세포가 새롭게 들어온 간을 적으로 인식하고 공격하기 때문에 공격력을 낮추기 위해 면역억제제를 복용한다. 처음에는 세 가지 종류의 약을 복용하는데, 이 약들은 약성이 독해서 여러 가지 부작용이 나타난다. 이십 여일쯤 지나자 양다리의 무릎 아래쪽에 이상이 오기 시작했다. 마치 전기가 흐르는 듯 찌릿찌릿하고, 발가락을 움직이면 무릎 위까지 찌릿한 아픔이 느껴졌다. 다리의 피부를 스치기만 해도 온 몸이 움찔할 정도로 아팠다. 또 혈당이 높아졌다. 단 것을 좋아해서 평소 빵이나 과일을 즐겨 먹었어도 혈당이 높지 않았는데 혈당이 굉장히 높았다. 백 이하가 정상인데 사백에서 육백을 오르내렸다. 또 두 달 후쯤부터는 머리가 빠지기 시작했다. 하루에 족히 수백 개의 머리가 빠졌다. 머리를 만지기만 해도 한 웅큼씩 빠져나갔다. 몸의 각 마디와 관절도 아팠다.

전신마취도 그랬다. 수술하는 동안 나는 난생 처음 깊은 잠을 잔 것 같았다. 정말 죽음 같은 잠을 자고 난 느낌이었다. 열 한 시간의 전신 마취, 지금 생각해도 참 신기하다. 복부를 가르고 간을 통째로 드러냈을 뿐 아니라, 새로운 간에 혈관과 담도관 등을 연결하는 엄청난 수술을 하는데도 아무런 통증이나 감각을 전혀 느끼지 못한다는 게 너무 신기했다. 더욱이 통증만 못 느끼는 게 아니라 심장 외의 장기들까지도 거의 활동을 멈추었다가 다시 깨어난다니 얼마나 놀라운 가! 마취제라는 특정한 물질을 흡입했다고 해서 몸이 그렇게도 빨리 그 물질에 반응하여, 죽지 않았으면서도 죽음에 들어간 것 같은 상태가 될 수 있다니 얼마나 놀라운가!

긍정적인 변화도 있었다. 수술 후 5~6일쯤 되었을까. 우연히 손바닥을 보게 되었는데 손바닥 색깔이 달라져 있는 것이었다. 누렇고 창백했던 손바닥은 어디 가고, 맑고 깨끗하면서도 선홍색의 손바닥이 눈앞에 있었다. 평소에 많이 보았던 아들의 손바닥 색깔 그대로였다. 아들의 손바닥이 그대로 내 손바닥에 있었다. 정말 놀라웠다. 보통 큰 수술을 하고 나면 손과 얼굴이 창백해지는 법인데, 나는 반대로 수술 후 더 좋아졌다. 또 평상시에는 눈을 뜨고 있으면 눈이 피곤하고 아팠었는데 눈의 피곤함이 느껴지지 않았다. 수술 후 불과 5~6일만의 일이었다.

놀라웠다. 특정 물질의 약성에 따라 아픈 것이 사라지기도 하고, 안 아프던 것이 아프기도 하고, 혈당이 높아지기도 하고, 머리가 빠지기도 하다니! 간을 교체했다고 해서 그렇게 빨리 몸의 혈색이 달라지다니! 그것도 내 의지나 감정과는 전혀 상관없이 말이다. 정말이다. 몸에서 일어나는 모든 반응은 내 이성이나 의지로 통제할 수가 없었다. 머리가 빠지는 걸 의지로 막을 수 없었고, 관절이 아픈 것을 감정으로 안 아프게 할 수 없었다. 몸이 저 스스로 물질에 반응하고 있었다. 내 의지나 이성과 상관없이 몸이 물질에 반응하고 있었다. 그랬다. 몸은 물리적인 시스템이었다. 놀라웠다. 충격이었다. 지금껏 한 번도 생각지 못한 새로운 경험이었다. 새로운 발견이었다.

물론 몸은 물질만은 아니다. 의지와 감정에 따라 몸의 반응이 달라진다는 건 많은 실험을 통해 이미 확인된 바다. 바흐의 음악을 들려주면 식물도 잘 자란다고 하는데, 하물며 사람이야 말해 무엇하겠는가? 정신적인 스트레스가 만병의 원인이라는 건 누구나 아는 상식이 아닌가? 몸뿐 아니다. 이 세상은 물리적인 법칙만 작용하는 닫힌 세계가 아니다. 하나님은 시계공이 시계를 만들어 놓고 태엽을 감아 놓으면 시계가 절로 돌아가는 것처럼, 세상을 물리적인 법칙을 따라 절로 돌아가도록 만들지 않으셨다. 하나님은 물리적인 세계를 물리적인 법칙에 갇힌 체계로가 아니라 하나님을 향해 열린 체계로 만드셨다. 때문에 물리적인 세계를 영적 세계의 종속 변수로만 보아서도 안 되고, 영적 세계와 관계없는 독립변수로만 보아서도 안 된다. 물리적인 세계와 영적 세계는 차원을 달리하면서도 서로에게 침투하고 서로에게 열려 있는, 그래서 둘이면서 하나요, 하나이면서 둘인 참으로 기묘한 세계이다.

특히 사람의 몸은 물성과 영성의 신묘한 통로이다. 하지만 그럼에도 몸은 여전히 물성物性을 가진 물物 자체이다. 누구든지 마취제를 흡입하면 아무리 기를 쓰고 정신을 차려도 1분 이내에 마취에 들어가게 되어 있고, 특정 물질의 약성이 들어가면 몸이 생리적으로 반응하게 되어 있다. 육체적인 감각뿐 아니다. 정신세계까지도 물질에 따라 요동을 치는 것이 사실이다. 현실과 비현실의 벽이 무너지는 건 적은 물질로도 충분하다. 진실로 그렇다. 몸을 포함해 모든 피조세계는 영적인 세계를 향해 열려있으면서도, 철저하게 물리적 시스템의 지배를 받는 물物 자체이다. 예수님의 몸도 예외일 수 없다. 예수님의 몸도 물성을 지닌 몸, 물리적인 반응체계를 거스를 수 없는 몸, 그래서 마취제를 흡입하면 즉시 마취가 되고, 혈액이 부족하면 생명이 위험에 빠지며, 늙으면 얼굴에 주름이 가는 그런 몸이었을 것이라는 건 의심의 여지가 없는 진실이다. 나는 이번에 몸의 물성, 즉 몸은 물리적 성질을 갖고 있는 일종의 물리적 시스템이라는 사실을 생생하게 경험했다.

그동안 나는 몸의 물성物性을 과소평가했다. 사람의 몸이 정신과 감성과 영적인 세계에 의해 영향을 받는다는 사실만 중시했지 물성 자체에 대해서는 깊은 이해가 없었다. 몸이 물질임을 지식으로는 알고 있었지만 실체로써 인식하지는 못했다. 아니 물성에 의해 정신과 감성, 어쩌면 영적인 세계까지도 영향을 받을 수 있다는 사실에 대해서는 애써 인식하지 않으려 했다고 하는 것이 더 정직할지 모르겠다. 그래서였을까? 나는 값진 대가를 지불하고서야 몸이 물성을 가진 물리적 시스템이라는 지극히 평범한 사실에 눈을 떴다.

몸의 물성. 이것은 새로운 통찰이었다. 감각이 깨어있는 사람이라면 굳이 수술의 과정을 겪지 않아도 발견할 수 있는 지극히 평범한 사실을, 나는 온 몸으로 아픔의 과정을 겪어 내고서야 힘겹게 눈을 떴다. 그리고 몸의 물성에 눈을 뜨자, 피조세계와 생명의 현실이 새롭게 읽혔다. 예수님의 존재와 삶이 매우 친숙하면서도 구체적으로 다가왔다. 또 부활의 세계가 물성이 없는 영적인 세계가 아니라 물성을 가진 창조세계의 완성이라는 사실이 좀 더 실체적으로 이해되었다. 마치 진실을 가로막고 있는 장막 하나가 걷힌 것 같은 느낌이었다. 어떤 분들은 속으로 이렇게 말할지도 모르겠다. 몸의 물성을 발견한 것이 뭐 그리 대단한 것이라고 호들갑이냐고. 하지만 나에게는 새로운 발견이었다. 호들갑을 떨만한 일이었다. 아르키메데스의 "유레카"Eureka 경험 같은 것이었다. 그렇다. 누군가에게는 평범한 것이 누군가에게는 특별할 수 있다.

처음에 이야기한 것처럼 나는 간 이식을 결정하고 수술에 들어
가기까지 많은 의문과 싸워야 했다. 아브라함은 하나님의 명령에
순종하기 위해 사랑하는 독자 이삭을 바친데 비해 나는 내가 살기
위해 아들을 잡는, 참으로 비정하고 어처구니없는 애비로서의 연
민과 고민을 끌어안고 씨름해야 했다. 왜 살기 위해 몸부림치는지,
사랑하는 아들의 간을 이식받으면서까지 살아야 하는 이유가 무엇
인지 묻지 않으면 안 됐다. 간이식을 통해 생명을 연장하려는 것이
단순히 '생의 의지'이기만 한 것인지? 혹 '생명에의 집착'은 아닌
지? 현재를 넘어서지 못한 채 눈앞의 삶에 전전긍긍하는 속물근성
은 아닌지? 허락되지 않은 생명을 탐하는 것이 아닌지? 죽음이 가

까이 온 것을 환영하고 의연하게 맞는 것이 하나님을 신뢰하는 믿음과 피조물다움에 부합되는 것일 터인데, 왜 죽음을 의연하게 받아들이지 못하는 것인지? 아들의 몸에 위해危害를 가하면서까지 인위적으로 죽음의 시간을 늦추려 하는 것은 정말 비겁하고 이기적인 것 아닌지? 질문들이 수도 없이 밀려왔다. 그리고 그런 질문들 앞에서 나는 당당할 수 없었다. 사실 내 안에서조차 서로 다른 소리가 들렸다. 양심은 이성을 향해 '그건 비겁한 짓이요 생명에의 과도한 집착' 이라고 아우성쳤고, 이성은 양심을 향해 '이건 생명에의 집착이기도 하지만 생의 의지이기도 하고, 또 생의 의지는 단순히 사람만의 의지를 넘어 생명의 수여자이신 하나님의 의지이기도 하다' 고 변명했다. 이성은 한 걸음 더 나아가 '모든 생명은 생명이 다하는 날까지 생의 의지를 가지고 최선을 다해야 하며, 살기 위해 발버둥치는 것은 결코 비겁한 것이 아닐 뿐만 아니라 생명에 대한 거룩한 의무요 책임' 이라고 소리쳤다.

사실 이 싸움은 다른 게 아니었다. '존재의 이유' 에 대한 싸움이었다. 모든 존재의 이유가 아니라 내가 이렇게까지 하면서 존재해야 할 이유 말이다. 존재의 이유도 묻지 않은 채 생명을 연장하려 드는 것은 참으로 무모하고 억지스런 짓이라는 생각에 나는 '내 존재의 이유' 를 묻지 않으면 안 됐던 것이다. 그러면 그 숱한 질문을 통해 '내 존재의 이유'를 발견했는가? 아니다. 나는 비싼 대가를 지불하면서까지 생존해야 할 뚜렷한 이유를 알지 못한 채로 수술에 임했고, 수술 이후에는 살아난 것을 기뻐했다. 존재의 이유를 충분히 알지 못한 채로 또 생명의 동산을 거닐고 있음을 확인하며 황홀해했다. 그랬다. 내 존재의 이유를 알지 못한다고 해서 사는데 그리 큰 걸림돌이 되지는 않았다. 하지만 그럼에도 나는 계속 묻지 않을 수 없었다. 아들을 잡으면서까지 살아난 이유가 무엇인지 묻지 않을 수 없었다.

복음을 더 순수하게 전파하는 것? 아들의 멘토Mentor가 되는 것? 교회 개혁에 이바지하는 것? 존재의 변화를 이루어 성화하는 것? 그렇게 거창할 것 없이 단지 행복하게 사는 것? 작은 텃밭을 일구며 소리 없이 사는 것? 나름대로 열심히 묻고 찾았다. 하지만 이것이 내 존재의 이유라고 확정적으로 말할 수 있는 것은 없었다.

그러다가 어느 때부터인지 새로운 의문이 들기 시작했다. '존재의 이유', 그것은 애당초 물어도 물어봐도 찾을 수 없는 것인지 모르겠다는 생각, 마치 물 위에 떠 있는 부평초처럼 존재의 뿌리를 내리지 못하는 것이 존재의 운명인지도 모르겠다는 엉뚱한 생각이 들기 시작했다. 과연 존재의 이유란 것이 있는 것일까? 아니면 존재의 이유가 분명히 있는데 내가 모르는 것일까? 개인적인 차원의 존재의 이유란 애당초 없는 게 아닐까? 이런 생각들이 떠오르면서 점차 존재의 이유가 반드시 있어야 하는 것인지에 대한 의문이 일기 시작했다. 또 존재의 이유란 것이 없지는 않지만 부활의 그날까지는 어둠에 싸여 있어서 분명하게 알 수 없는 게 아닐까 하는 생각도 들었다. 때로는 존재의 이유 같은 건 애당초 없는 것이라는 단호한 생각이 고개를 드밀기도 했다. 하지만 나뿐 아니라 거의 모든 사람이 존재의 이유를 묻고 또 알고 싶어 하는 걸 보면 존재의 이유가 없다고 할 수도 없을 것 같고, 그렇다고 해서 꼭 있다고 하기에는 자기 확신에 불과한 것 같고, 정말이지 여간 고민스러운 게 아니었다. 성경을 보아도 "헛되고 헛되며, 헛되고 헛되니, 모든 것이 헛되다. 사람이 해 아래서 수고하는 모든 수고가 자기에게 무엇이 유익한고"전1:2~3라고 말하면서 "일의 결국을 다 들었으니 하나님을 경외하고 그 명령을 지킬지어다. 이것이 사람의 본분이니라"전12:13고 한 것을 보면, 하나님을 경외하는 것 외에 다른 구체적인 존재의 이유란 없는 게 아닐까 하는 생각도 들었다.

사실 모든 사람은 나름 존재의 이유를 찾기 위해 묻는다. 또 존재의 이유를 발견해야 살아갈 수 있다고 말하기도 한다. 맞다. 사실이다. 하지만 어쩌면 하나님을 경외하는 것 외에는 개별적인 존재의 이유란 없는 것일지도 모른다. 생각해보자. 길이 남을 업적? 세상을 바꾸는 위대한 혁명? 헌신적인 봉사? 복음 전도? 세계 선교? 위대한 발명? 경제 부흥? 자녀 생산? 과연 이런 것들이 개별적인 존재의 이유가 될 수 있을까? 그럴 수도 있지만 아닐 수도 있다. 많은 사람들이, 특별히 믿음 좋은 사람들이 '이것이 내 사명이요 존재의 이유'라고 말하지만, 사람이란 어쩌면 존재하기에 그저 존재하는 것인지도 모른다. 하나님이 존재케 하셨음을 감사하며 존재에 충실하면 되는 것인지도 모른다. 단지 살아있음을 기뻐하고 감사하며 경축하는 것이 가장 중요한 존재의 태도일지도 모른다. 존재는 살아야 할 책임일 뿐 이유를 물어야 하는 것이 아닐지도 모르고, 다만 존재에 충실하면 그것으로 족할지도 모른다. 물론 존재에 충실하다는 게 어려운 일이기도 하고, 또 손에 잡히지 않는 뜬구름 같기도 하지만, 하여튼 존재에 충실하면 그것으로 족할지도 모른다. 하지만 인간은 이미 놓인 레일 위를 달리는 기차가 아니라, 자기 길을 찾아가는 탐구적 존재이다. 또 하나님을 경외하는 것 외에는 모든 것이 열려있는 자유의 존재이다. 그러기 때문에 존재의 이유를 묻는 것 또한 피할 수가 없다.

만일 이것이 사실이라면, 내 존재의 이유가 복음을 순수하게 전파하는 것이나, 아들의 멘토가 되는 것이나, 교회를 개혁하는데 이

바지하는 것이나, 존재의 변화를 이루어 성화하는 것이나, 단지 행복하게 사는 것에서 어느 하나여야 할 필요가 없다는 생각이 든다. 존재의 이유란 열린 길이지 닫힌 길이 아닐 테니까 말이다. 물론 전도서가 말한 것처럼 사람의 본분존재의 이유이 있는 것은 분명하다. 하지만 개별적인 존재의 이유, 즉 영원 전부터 정해진 나만의 존재의 이유 같은 건 없는 게 아닐까 하는 생각이 든다. 성경에 바울이나 예레미야는 태어나기 전부터 하나님의 특별한 뜻을 위해 부름을 받았다고 고백한다. 모세나 기드온도 그들의 의지와는 상관없이 하나님의 일방적인 부름을 받았다고 되어 있다. 수많은 사역자들 또한 목사로서의 소명을 받아 목회를 하고 있다고 말한다. 나 또한 그렇게 이해하고 있다. 하지만, 그럼에도 모든 사람의 길이 결정되어 있고, 사람마다 특별한 존재의 이유가 있다고 말하는 것은 지나친 비약이 아닐까? 무한히 지혜로우신 하나님, 인간에게 자유의지를 부여하신 하나님의 본성과는 어울리지 않는 게 아닐까?

그렇다면? 이미 예상했겠지만, 여호와를 경외하는 것 외에는 딱히 '이것이다' 할 존재의 이유란 없다는 쪽으로 정리가 된다. 어거스틴도 일찍이 이 진실을 간파했던 것 같다. 그가 "하나님을 사랑하라. 그리고 네 마음대로 하라"고 말한 것을 보면 그렇다. 진정으로 여호와를 사랑한다면 그 이후의 문제는 더는 문제될 것이 없단다. 와! 얼마나 놀라운 선언인가! 1500년 전에 이렇게 파격적인 선언을 했다는 게 믿기지 않을 정도다. 전도서의 말씀도 마찬가지다. '여호와를 경외하고 그 명령을 지키는 것이 인간의 본분' 이라는 말씀은, 여호와를 경외하고 그 명령을 지키는 것 외에는 딱히 이것이 인간의 본분이라고 할 만한 것이 없다는 말이라고 해석할 수도 있다. 일차적인 존재의 이유에 충실한 사람이 이차적인 존재의 이유를 벗어나지는 않을 테니까 말이다. 더욱이 '여호와 경외'와 '여호와 사랑' 이 한 묶음이라는 사실, 즉 하나님을 사랑하는 것은 반드시 경외이어야 하고, 하나님을 경외하는 것은 반드시 사랑이어야 한다는 사실을 상기한다면, 결국 전도서와 어거스틴의 말은 같은 이야기라고 할 수 있다.

생각이 여기에 이르자 비로소 내적 갈등과 물음이 잦아들기 시작했다. 그동안 나를 옥죄었던 물음으로부터 해방된 듯 마음이 가볍고, 물음의 여행이 종착지에 들어선 듯 마음이 편안했다. 결국 '있음' 을 찾다가 '없음' 을 발견한 여행이었지만, 그럼에도 '없음' 의 발견, 그것은 허망함이 아니라 해방이었다. 하나님을 사랑하면 그것으로 충분한 자유, 이차적인 존재의 이유에 매이지 않을 수 있는 자유, 하나님을 사랑하는 일에만 집중하면 되는 자유로의 해방이었다.

죽음, 그것은 나에게 그리 낯선 세계가 아니었다. 간경화가 악화되는 걸 몸으로 느끼고, 구급차에 실려 응급실을 드나들면서 나는 점차 죽음의 그림자가 다가오는 것을 의식하지 않을 수 없었다. 4~5년 전쯤이었을 것이다. 그때도 정기적으로 병원을 드나들 때였는데, 갑자기 현재의 간으로 얼마나 살 수 있을지가 궁금했다. 아무 것도 모르고 갑작스레 죽음을 맞는 것보다는 남은 생이 어느 정도인지를 알고 준비하는 것이 낫겠다 싶은 생각에 의사 선생님께 가볍게 물었다. 지금 이 몸으로 얼마나 살 수 있겠느냐고. 의사 선생님께서도 가볍게 대답했다. 5년은 살겠다고. 정말 가볍게 묻고, 가볍게 대답했다. 그런데 그 말을 듣자 기분이 묘했다. 나도 모르게 심장이 쿵쾅거렸고, 눈에는 이슬이 맺혔다. 그리고 두 가지 생각이 번개처럼 스쳤다. 5년, 그리 오랜 시간은 아니라는 생각. 적어도 5년은 살 수 있겠구나 하는 생각. 두 생각이 동시에 교차했다. 그리고는 그만이었다. 감사하게도 마음이 흔들리지 않았다. 그 말에 그다지 괘념하지도 않았고, 마음이 약해지지도 않았다. 컨디션이 괜찮으면 못 쓰는 글을 쓰느라 낑낑대면서 즐겁게 살았다. 하지만 죽음이 그리 멀리 있지 않다는 생각이 뇌리를 떠나진 않았다. 넌지시 죽음을 응시하며 바라볼 때가 많았다.

그런데 죽음을 멀리서 바라보는 것과 죽음 바로 옆에 서는 것은 또 달랐다. 죽음을 멀리서 바라볼 때는 찬찬히 죽음을 응시하며 죽음에 대해 생각했었다. 하지만 죽음이 바로 옆에 다가오자 죽음은 잊히고 생명이 웅성거리는 거였다. 죽음이 멀리 있을 때는 분명히 죽음을 생각했었는데, 생명 현상의 경계선에 서자 죽음은 뇌리에서 사라지고 생명이 꿈틀거리는 거였다. 보이는 건 오직 생명뿐이었다. 왜 그랬는지는 모르겠으나 죽음 가까이에 갈수록 생명이 또렷하게 의식되었다. 그리고 생명과 삶이 그처럼 아름답고 찬란할 수가 없었다. 그처럼 절실하고 소중할 수가 없었다. 마치 생명을 처음 보는 것 같았다. 모든 생명이 경이롭고 탐스러웠다. 죽음의 커튼을 살짝 젖히고 바라본 생명의 세계는 정말 눈부셨다. 진실로 모든 생명은 예술이었다. 한없이 위대하고, 한없이 완전하며, 한없이 아름다웠다. 세상의 어떤 예술 작품보다도 더 예술적이고, 세상의 어떤 건축물보다도 더 구조적인 것이 생명이었다. 물론 생명처럼 연약하고 허망한 것도 없다. 잠시 있다가 사라지는 아침 안개와 같은 것이 생명이다. 하지만 생명처럼 역동적이며 강인한 것 또한 없었다. 생명처럼 우아하고 빛나는 것 또한 없었다. 진실로 그랬다. 죽음과 삶의 경계선에서 바라 본 생명의 세계는 숭고할 만큼 아름답고 위대했다. 물론 피조물 주제에 생명의 신비를 어떻게 알 수 있겠는가? 생명의 비밀은 전적으로 생명의 주인이신 하나님 안에 있다. 하나님만이 생명의 신비와 그 비밀을 알뿐 사람은 모른다. 하지만 그럼에도 죽음 가까이에서 바라본 생명의 세계는 눈부시도록 아름답고 위대했다. 별이 어둠 속에서 빛나듯 생명은 죽음 앞에서 찬연히 빛났다.

물론 그동안에도 찬란한 생명의 기운을 느끼지 않았던 건 아니다. 오랫동안 병원에 입원했다 퇴원할 때면 병원 밖의 세상이 그렇게 찬란할 수가 없었다. 눈에 들어오는 모든 것들이, 푸른 하늘과 크고 작은 나무들, 또 길을 걷는 사람들은 말할 것도 없고, 매연을 뿜어내며 달리는 차들의 행렬까지도 생명이 고동치는 것처럼 느껴지곤 했었다. 평상시에는 길을 가득 메운 사람들이 짐짝처럼 보이고, 차들이 괴물처럼 보였었는데 말이다. 정말 사람의 시선이란 얼마나 간사한지 모른다. 불평하던 것이 순간에 감사로 바뀌기도 하고, 감사하던 것이 순간에 불평으로 바뀌기도 하며, 흉측하던 것이 아름답게 탈바꿈하기도 한다. 현상은 똑같은데 상황에 따라 달리 보인다. 이번에 삶과 죽음의 경계선에서도 그랬다. 똑같은 생명이 죽음 앞에선 더욱 빛났다. 죽음의 어둠이 짙어갈수록 생명의 빛은 찬란했다. 그리고 죽음과 삶에 대한 하나의 생각, 매우 낯선 생각이 떠올랐다. '삶, 그리고 죽음'이 아니라 '죽음, 그리고 삶'이 맞을지도 모른다는. 사실 지금까지는 삶에서 죽음으로의 과정만을 당연하게 생각했었다. 삶이 죽음으로 달려간다는 건 의심의 여지가 없는 상식이었으니까. 그런데 정 반대의 생각, '삶에서 죽음으로'보다는 '죽음에서 삶으로'가 더 큰 진실을 담고 있는지도 모른다는 엉뚱한 생각이 내 안에 들어왔다.

인간의 내면세계를 깊이 파고 든 소설가 도스토예프스키도 죽음의 커튼이 내려오는 걸 경험한 사람이다. 그는 젊은 시절, 러시아 제정帝政 말기 사회주의 혁명이 태동하던 때에 급진적인 정치 조직에 가담했다가 체포되어 수감생활을 하던 중 사전 통고도 없이 사형장으로 끌려가 총살형을 선고받고는, 얼굴을 가린 채 병사들이 겨누는 총부리 앞에 섰을 때, 도스토예프스키의 머릿속에는 두 가지 생각이 스쳤다고 한다. 하나는 '이토록 빨리, 또한 영원히 어둠 속으로 들어서야 할 찰나로구나' 라는 생각이었고, 또 하나는 '만약 내가 죽음을 당하지 않는다면, 내 삶은 갑작스럽게 무한하고 완전한 영원으로서 매 초가 한 세기를 살아가는 것처럼 느껴질 것이다. 스쳐가는 모든 것을 소중하게 여기리라. 인생의 단 1초도 허비하지 않으리라' 는 생각이었단다. 아! 죽음의 사자가 턱밑까지 달려와 입을 벌리고 있는 그 순간에 젊은 도스토예프스키의 마음속에 단 1초도 허비하지 않으리라는 생각이 스쳤다는 게 참 놀랍다. 정녕 그랬을 것이다. 어찌 아니 그랬겠는가. 1초가 영원 같이 소중해 보였을 것이다. 그런데 죽음의 문턱을 막 넘으려는 순간 한 병사가 감형이라는 황제의 전갈을 전했고, 도스토예프스키는 극적으로 죽음에 먹히지 않을 수 있었다. 그리고 죽음을 면한 그날 동생에게 보낸 편지에서 그는 이렇게 썼다. "지난 일을 돌이켜보고 실수와 게으름으로 허송세월 했던 날들을 생각하니 심장이 피를 흘리는 듯하다. 인생은 신의 선물… 모든 순간은 영원의 행복일 수도 있다는 것을 젊었을 때 알았더라면! … 이제 내 인생은 바뀔 것이다. 다시 태어난다는 말이다."

아, 정녕 그랬을 것이다. 죽음이 눈앞에까지 왔었는데, 생명이 마지막 골목으로까지 몰렸다가 구사일생으로 되돌아왔는데 어찌 아니 그랬겠는가. 어찌 세상을 보는 눈이 달라지지 않았겠는가. 물론 도스토예프스키의 삶이 완전히 새로워졌다고 할 수는 없다. 인간이란 어떤 경험을 했다 하더라도 여전히 허물과 악함을 여과 없이 드러내며 살 수밖에 없는 존재이기 때문에 도스토예프스키의 삶 또한 죄악을 피할 수 없었을 것이 분명하다. 하지만 그럼에도 그 사건 이후로 그의 삶의 지평은 달라졌을 것이고, 그전에 비해 삶이 풍성하게 살아났을 것이라는 건 의심의 여지가 없다.

그렇다. 무릇 생명의 세계란 죽음을 통해서 보아야만 제대로 보이는 것인지도 모른다. 진정한 생명과 삶의 세계는 일차적 생명 – 물리적 생명을 통해서는 발견하기가 어렵고, 일차적 생명의 죽음을 통해 보아야 보이는 것인지도 모른다. 생명이 생명을 생명과 삶으로 인도하기보다는 오히려 죽음이 생명을 생명과 삶으로 인도하는 게 아닌가 생각된다. 한 걸음 더 나아가 이런 생각도 든다. 죽음도 은총일 수 있다는. 죽음이야말로 진정한 생명의 세계를 보는 창이라는. 비록 죽음이 죄악의 열매요 생명의 원수이며 하나님의 저주이지만, 그럼에도 하나님께서는 죄악의 열매요 생명의 원수인 죽음까지도 생명과 삶으로 인도하는 통로가 되게 하신다는.

사실 죽음과 삶, 삶과 죽음은 너무도 다른 두 세계였다. 너무도 먼 두 세계였다. 그런데 이제는 전혀 다른 두 세계가 동전의 양면처럼 보인다. 죽음은 삶의 다른 얼굴로. 삶은 죽음의 다른 얼굴로. 물론 나는 죽음을 자연스럽게 받아들이지 못했다. 아들의 생명과 현대 의학에 기대어 죽음을 미루었다. 그리고 여전히 죽음을 알지 못한다. 생명의 비밀 또한 알지 못한다. 나뿐 아니라 모든 생명과 삶이 죽음을 아는 것 같지 않다. 동양의 현자인 공자는 "아침에 도를 들으면 저녁에 죽어도 좋다"고 말했을 만큼 도道-진리를 추구한 사람인데, 그런 공자가 죽음에 대해 말하기를 "삶에 대해 아무 것도 모르는데 죽음에 대해 어떻게 알 수 있겠는가?"라고 했고, 신앙의 사람 파스칼은 "내가 확실하게 알고 있는 것은 다만 내가 곧 죽을 것이라는 사실이며, 내가 모르는 것은 이 피할 길 없는 죽음 그 자체다"라고 한 것을 보아도 삶이 죽음을 모른다는 건 거의 확실해 보인다. 죽음은 분명 인생 최고의 현실이다. 하지만 이성의 레이더 망으로는 포착할 수 없는 미지의 세계요, 삶으로는 경험할 수 없는 경험 너머의 세계임이 분명하다. 그렇다. 우리는 결코 죽음을 경험할 수 없다. 하지만 죽음 가까이에 가본 자들은 많다. 삶과 죽음의 경계선에 서본 자들은 많다. 그리고 그들은 한결같이 말한다. 죽음 가까이에서 생명을 보고, 삶을 보았다고. 교통사고로 죽음 언저리까지 갔었던 헨리 나우웬 신부도 말했다. 죽음은 가장 큰 선물이라고.

　언젠가 마가복음을 통해 예수님의 죽음을 묵상하면서, 또 모든 생명이 죽음으로 연결되는 삶의 비극적 현실을 돌아보면서 삶과 죽음에 대해 이렇게 정리한 적이 있다. "삶은 마치 죽음을 부르는 유혹인 듯하고, 죽음은 소진한 삶을 받아들이는 엄마의 품 같다." 과연 그럴까? 죽음이 정말 소진한 삶을 받아들이는 엄마의 품 같을까? 물론 확실하게 말할 수는 없다. 단지 죽음이 생명의 세계를 보게 하는 참된 창이라는 것, 생명의 세계만으로는 생명을 보기 어렵다는 것은 분명해 보인다. 대낮에는 별을 볼 수 없고 어둠이 내려야 볼 수 있듯, 생명만으로는 생명을 볼 수 없고 오직 죽음의 창을 통해야만 볼 수 있다는 건 정말 이해하기 어려운 역설이긴 하나 진실이라고 생각된다.

나는 빚진 자다. 사위어가는 생명의 불꽃을 지피기 위해 갚아도 갚을 수 없는 사랑의 빚을 졌다. 병상에서 부른 생명의 노래와 사랑의 찬가는 온전히 사랑의 빚을 진 결과였다. 크고 작은 사랑이 나로 하여금 생명의 노래와 사랑의 찬가를 부르게 했고, 나는 빚진 자라는 '빚진 자 의식'을 일깨워주었다. 사실 나는 수술 이전부터 빚진 자였다. 수술을 하기 1년 전쯤이었을 것이다. 세 식구가 한가하게 이야기를 하던 중에 아들 녀석이 뜬금없이 말했다. 아빠는 엄마 아니었으면 벌써 죽었을 거라고. 맞다. 아들놈이 정확하게 말했다. 아내의 헌신적인 돌봄과 사랑의 격려가 없었다면 나는 지금쯤 이 세상 사람이 아닐 가능성이 많다. 또 20년만 일찍 태어났더라도 마찬가지였을 것이다. 식도 정맥류 출혈로 이미 오래 전에 나는 저 세상 사람이 되었을 것이다. 내가 지금 이렇게 건강을 회복해가며 활력을 되찾아가는 건 전적으로 아내와 아들의 헌신적인 사랑, 의학의 발전을 위해 노력한 이들, 지난한 수고를 아끼지 않은 의사와 간호사들, 그리고 많은 이들의 중보와 사랑 덕분이다. 그렇다. 이미 죽었을 수도 있는 생명이 이렇게 살아있는 것은, 단지 살아있는 것이 아니라 예전보다 더 크게 기뻐하고 감격하면서 생명의 향연을 즐기고 있는 것은 전적으로 헤아릴 수 없는 사랑의 끈들이 작용한 덕분이다.

수술을 마치고 감당키 어려운 고통의 시간을 보낸 아들이 고통이 잦아들 즈음 병실을 찾아와서는 이런 말을 했다. "아빠, 생체 이식은 가족만이 할 수 있는 것 같아. 가족이 아니면 할 수도 없겠지만, 만일 가족이 아닌 사람에게 간을 기증받으면 받은 사람이 일평생 그 부담을 안고 어떻게 살 수 있겠어? 가족이 아닌 사람에게 생체 간을 기증받는다는 건 정말 생각할 수 없는 일 같아." 옳다. 내가 만일 아들에게 간을 빌리지 않았다면 그처럼 편안한 마음으로 받지 못했을 것이다. 같은 가족이라도 조카나 형제들에게 받았다면 또 달랐을 것이다. 형제나 조카에게 받아야 하는 상황이었다면 아마도 선뜻 받기 어려웠을 것이다. 아들에게 받는 것만큼 흔쾌하거나 편안하지 않았을 것이다. 물론 자식이라고 해서 왜 미안한 마음이 없었겠는가? 미안한 마음, 안타까운 마음이야 형언할 수 없었지만 이상하리만큼 마음이 편안했다. 부담스럽기보다는 행복하고 감격스러웠다. 정녕 그랬다. '이건 너무 뻔뻔한 것 아닌가?' 라는 생각이 들 정도로 마음이 편안했다. 그리고 그 편안함은 뻔뻔함에서 오는 뻔질이의 편안함과는 달랐다. 한없이 행복하고 뿌듯하고 푸근한 편안함이었다.

세상에는 70억이나 되는 사람들이 살고 있다. 하지만 값없이 편안한 마음으로 살아있는 간의 절반을 빌릴 수 있는 사람은 오직 아내와 자식밖에 없었다. 생명을 위해 생명을 내미는 손을 편안하고 행복하고 뿌듯하고 푸근한 마음으로 붙잡을 수 있는 사람은 오직 아내와 자식밖에 없었다. 그리고 이 사실을 확인하는 순간 눈이 번쩍 뜨였다. 가족이 무엇인지가 보였다. 생명을 위해 생명을 주는 관계, 생명을 주어도 아깝지 않고 생명을 받아도 부담스럽지 않은 관계, 다 주어도 아깝지 않고 다 받아도 부담 없는 관계가 바로 가족이라는 놀라운 진실이 보였다. 생각해보니 그랬다. 부부는 함께 생명을 낳은 특별한 관계이고, 부모와 자식은 직접적으로 생명을 주고받은 관계였다. 생명을 함께 공유한 생명적 관계가 바로 가족이었다. 그러고 보니 예전의 아들 놈 행적이 생각난다. 지금은 나이가 들어서 좀 다르지만 예전에는 아들 녀석이 돈을 달라 할 때, 한 번도 미안해하거나 주저하는 기색을 보인 적이 없었다. 돈이 필요하면 언제나 "엄마 만 원" "아빠 이만 원"하면서 손을 내밀면 끝이었다. 마치 맡겨 놓은 돈을 달라는 투였다. 그런데 참 묘한 건, 그런 아들의 행동이 오히려 사랑스럽고 좋았다는 사실이다. 내색은 하지 않았지만 속으로는 그런 아들의 행동이 맘에 들었다. 돈을 주면서도 은근히 기분이 좋았다. 만일 머리를 긁적이며 미안해하는 기색을 보였더라면 굉장히 기분 상했을 것이다. 그렇다. 가족이란 참 묘하다.

기왕 빚쟁이임을 밝혔으니 내친 김에 한 가지 더 이야기하고 넘어가자. 나는 6년째 백수로 살고 있다. 돈을 벌지 못한 것이야 말할 것도 없고, 일 년에 약값과 병원비로 적지 않은 돈을 축내면서 살았다. 그것도 한 두 해가 아니라 벌써 6년째다. 어디 그뿐인가? 음식 하나도 무공해 유기농으로 골라 먹여야 하고, 좋다고 하는 곳은 전국 어디나 찾아다녀야 하는 골치 덩어리였다. 내 존재의 형편이 그러했다. 그런데도 그런 나를 아내는 한 번도 내치지 않았다. 싫은 기색 한 번 보이지 않았다. 단 한 번도 돈을 벌지 못한다고, 힘들게 고생만 시킨다고 푸념하지 않았다. 항상 극진하게 돌보며 사랑으로 대접해주었다. 학교에 출근할 때마다 '오늘도 마음 편하게 잘 놀라'고 웃으며 격려해주었다. 나는 과분하게도 왕처럼 특별 대접을 받으면서 살았다. 그랬다. 그 사람이 가족이었기 때문에, 아내였기 때문에 나는 주는 것 없이 받기만 하며 살 수 있었다. 만일 그 사람이 아내가 아니었다면 어떻게 그처럼 당당하게 백수로 살 수 있었겠는가? 아내가 주는 밥이 아니었다면 어떻게 밥값도 못하면서 눈칫밥을 먹지 않을 수 있었겠는가? 가족이기 때문에, 아내이기 때문에 미안한 마음에도 기죽지 않고 당당하게 살 수 있었고, 편안하게 간을 빌릴 수 있었다고 생각한다. 가족이란 그런 것이었다. 한없이 받아도 뻔뻔할 수 있는 것이 가족이었다.

사실 누구라도 그러하겠지만 나도 역시 빚진 자로 살고 싶지 않았다. 누구에게도 신세지고 싶지 않았다. 아무리 힘들어도 자존심만은 지키며 살고 싶었다. 내 책임은 내가 지며 살고 싶었다. 나와 아내 모두 빚지고는 살지 못하는 성격이다. 아무리 사소한 것이라도 빚지는 것은 무엇이 됐든 치욕이라고 생각하며 살았다. 하여, 나름 최선을 다했다. 개인적인 삶은 말할 것도 없고, 교회를 개척하고 목회를 할 때도 도움의 손길을 내밀어 본 적이 없다. 몸이 무너져 교회에 짐이 된다고 생각되는 순간 주저함 없이 사임한 것도 그래서였다. 진실로 그랬다. 나는 그동안 하나님과 모든 자연에게 빚졌다고는 생각했지만 사람에게 빚졌다는 생각은 하지 않고 살아왔다. 그런데 나이 오십을 넘어 베풀어야 할 때 오히려 빚쟁이가 되고 말았다. 가족이라는 이름으로 아내와 아들에게 갚을 수 없는 빚을 졌고, 육친과 신앙의 지인들에게 사랑의 빚을 졌다. 수술을 집도해 꺼져가는 생명을 살린 훌륭한 의사와 간호사들의 진정어린 수고에 빚을 졌다.

이처럼 원치 않는, 정말 치욕이라고 생각하는 빚짐을 확인하면서 나는 빚짐을 곱씹어보았다. 찬찬히 인생을 돌아보며 곱씹어보니, 나만 빚지고 사는 건 아니었다. 사람이라면 누구나 가족이라는 이름으로 서로에게 빚지며 살고 있었다. 아니다. 사실은 모든 생명이 모든 생명에게 빚지며 살고 있었다. 산다는 건 빚짐이었다. 빚지며 사는 것이 인생이었다. 순간 나는 속으로 쾌재를 불렀다. 마음으로 목청껏 외쳤다. 그래! 나만 빚진 건 아니야! 세상에 어떤 놈이든 빚지지 않은 놈 있으면 나와 보라고 해! 비록 마음으로 외쳤지만 속이 시원했다. 통쾌했다. 아마 이 글을 읽는 분들은 상상하지 못할 것이다. 그때 내 마음이 얼마나 통쾌했는지. 정말 찬바람에 샤워를 한 듯 마음이 후련했다.

그렇다. 세상에 빚지지 않은 인생이란 없다. 물과 공기에 빚지지 않은 인생이 없고, 땅과 땅을 일구는 농부에게 빚지지 않은 인생이 없고, 하늘과 바다와 산과 들에 빚지지 않은 인생이 없고, 집과 옷을 만드는 자에게 빚지지 않은 인생이 없고, 새와 벌과 나비에게 빚지지 않은 인생이 없고, 고래와 소와 나귀에게 빚지지 않은 인생이 없고, 모차르트와 베토벤과 바흐와 고흐와 셰익스피어와 도스토예프스키에게 빚지지 않은 인생이 없고, 부모와 스승과 친구에게 빚지지 않은 인생이 없고, 태양과 별님과 달님에게 빚지지 않은 인생이 없고, 모든 생명에게 빚지지 않은 인생이 없다. 그리고 이 모든 것들에게 빚졌다는 건 이 모든 것을 공급하신 하나님에게 빚진 것이기도 하다. 그렇다. 나 혼자만 채무 인생인 것은 아니다. 모든 인생은 우주 만물을 만드시고 다스리시는 창조주와 그분께서 만드신 모든 것들에게 빚진 채무 인생이다. 인생은 어찌할 수가 없다. 대단한 능력을 발휘하고, 길이 남을 성취를 했다 할지라도 인생은 결코 채무를 면할 수 없다.

하지만 아무리 진실이 그렇다 할지라도 난 특별한 빚쟁이임이 분명하다. 세상 누구보다 많은 빚을 진 것이 사실이다. 지금 내 영혼은 '빚진 자 의식'으로 가득하다. 그런데 참 이상하다. 그 '빚진 자 의식'으로 인해 마음이 무겁거나 힘들지가 않으니 말이다. 빚을 갚아야겠다며 의지를 다지지도 않으니 말이다. 마음이 무겁기는커녕 빚짐 의식을 일깨우게 된 것이 오히려 감사하니 말이다.

살면서 발견하는 것이 많다. 그중에 하나는 이것이다. 삶은 역설로 가득하다는 것. 죽음의 어둠이 생명의 찬란한 빛을 보게 하는 창이 되고, '빚진 자 의식'이 감사와 겸허의 세계로 들어가는 문이 되는, 이런 기막힌 역설로 가득한 것이 삶이라는 것. 그렇다. 삶은 역설이요, 산다는 건 빚지는 것이다. 모든 인생은 채무 인생이다. 하여, 감히 말한다. 빚으로 가득한 부끄러운 인생이 감히 머리를 치켜들고 말한다. 인생이여! 고개를 숙이라! 치켜 든 머리를 낮추라! 하나님과 만물 앞에 엎드리라! 다시 말하노니 엎드리라! 그 엎드림이 바로 예배이니 돌멩이와 풀잎에게 입 맞추라! 엎드림이야말로 진정한 찬양이요 예배이니 엎드리고 또 엎드리라! 빚진 자여! 빚진 자여! 엎드리라! 예배하라!

　병상에서의 하루는 언제나 피를 뽑는 것으로 시작한다. 새벽 5시쯤 되면 어김없이 간호사가 주사기를 들고 들이닥친다. 밤새 잠을 이루지 못하고 뒤척이다가 새벽녘에야 겨우 잠에 빠져들라 치면 간호사가 이름을 부르며 깨운다. 그리고는 팔을 달라며 피를 뽑아간다. 어느 때는 잠결에 팔을 내맡기기도 하고, 어느 때는 화들짝 잠에서 깨어나기도 한다. 몸에서 혈액이 빠져 나간 후 다시 힘겹게 잠을 청하고 있으면, 이번에는 몸무게를 재는 아주머니가 들이닥친다. 수술 후 2주 정도는 스스로 몸을 일으킬 수가 없기 때문에 침대에 누워 있는 채로 몸무게를 재는데, 담당 간호사와 둘이서 내 몸을 이쪽저쪽으로 굴려가며 몸 아래로 천을 밀어 넣는다. 몸을 들어 올리기 위해 기다란 천으로 몸을 감싼 다음 체중을 재는 기계로 몸을 들어 올려 몸무게를 잰다. 그런데 그때마다 내가 꼭 돼지가 된 느낌이 든다. 어린 시절 우리 집에서는 돼지를 키웠다. 축산업으로가 아니라 3~4마리 정도를 음식 찌꺼기나 쌀겨를 이용하여 먹이는 정도였다. 어린 돼지가 자라면 잡아먹기도 하고 팔기도 했다. 돼지를 팔 때면 먼저 돼지를 잡아 눕히고 네 발을 묶은 다음 저울 위에 얹어 무게를 달았다. 그때마다 집안은 온통 돼지 멱따는 소리로 아수라장이 되곤 했다. 그런데 내가 체중계 위에 올라서지 않고 체중계에 의해 들려지고, 내가 체중을 확인하는 게 아니라 체중을 재는 사람에 의해 확인을 받게 되자 꼭 어린 시절 저울 위에 누워있던 돼지가 된 것 같은 느낌이 들었다. 아마 능동과 수동에서 오는 차이 때문이었으리라.

아무튼 날마다 몸이 저울질을 당하면서 확인할 수 있었던 것은 평균 2~3일에 1kg씩 몸무게가 빠진다는 거였다. 사실 몸의 컨디션이 그리 나쁘지도 않았고, 식사도 다 비우지는 못하지만 열심히 챙겨 먹는데도 몸무게가 계속 빠졌다. 몸이 안 좋고 힘들 때에도 이처럼 지속적으로 급격하게 빠진 적이 없었는데 말이다. 정말 이해할 수 없었다. 물론 처음에는 조금도 이상하지 않았다. 제대로 먹지도 못하는데다가 몸에서는 여러 가지 체액이 빠져나오고 있었기 때문에 빠지는 게 당연하다고 생각했다. 그런데 체중이 줄 정도로 적게 먹지 않음에도 불구하고 계속해서 체중이 빠져나가는 게 정말 이상했다.

수술 전에는 한 동안 무염식을 했다. 염기가 간을 상하게 할 수도 있고, 복수가 차는 것에도 영향을 미치기 때문에 집에서도 가급적 소금기 없는 음식을 먹어야 했고, 병원에서도 무염식 외에는 먹을 수가 없었다. 그런데 수술 후 처음 밥을 먹는데, 반찬에 간기가 들어 있는 거였다. 나는 당연히 무염식일 거라고 생각했는데. 놀라 간호사에게 물었다. 무염식이 아니네요? 잘못 나온 거 아닌가요? 그러자 간호사는 새로운 간을 이식했기 때문에 이제는 무염식을 하지 않아도 된다고 했다. 너무 기뻤다. 복음 중의 복음이었다. 무염식이나 소염식을 해보신 분은 알 것이다. 무염식이 얼마나 맛이 없는지를. 얼마나 먹는 일이 고역인지를. 앙꼬 없는 찐빵을 먹는 것과 같다는 것을. 그렇다. 소금이야말로 정말 맛의 일등공신이다. 소금에게 감사를!!

아무튼 나는 수술 후 감사한 마음으로 맛있게 먹으려고 무진 애를 썼다. 스스로에게 최면을 걸다시피 하며 매끼 거르지 않고 밥을 먹었다. 그런데 체중은 계속 줄기만 했다. 도무지 이해할 수가 없었다. 은근히 '몸에 이상이 있는 건 아닐까?' 불안해지기까지 했다. 급기야 의사 선생님에게 물었다. 다 그렇게 빠진단다. 보통 15킬로그램에서 20킬로그램까지 빠진단다. 비로소 불안했던 마음이 놓였다. 그렇게 퇴원 직전까지 계속 줄었다. 그러다가 54킬로그램에서 딱 멈추었다. 아들은 그런 내 모습을 가리키며 꼭 아프리카 난민 같다고 놀렸다. 깡마른 그네들 사진과 똑같다며 웃음을 참지 못했다. 내가 보아도 팔과 다리가 앙상했다. 사람들이 볼까 신경이 쓰일 정도였다.

몸무게가 더는 내려가지 않고 멈춘 지 얼마나 지났을까. 드디어 몸무게가 조금씩 차오르기 시작했다. 체중이 줄 때보다야 속도가 느렸지만 매일 꾸준히 체중이 늘기 시작했다. 65킬로그램까지 그렇게 쭉쭉 늘었다. 그러더니 조금씩 더디게 살이 오르면서 1년 쯤 후에는 본래의 체중인 71킬로그램까지 회복이 되었다. 회복되던 때에는 밥이 참 맛있었다. 아마 내 인생에서 그때만큼 맛있게, 그리고 많이 먹었던 적은 없었을 것이다. 그 후로도 한 동안 먹는 양이 예전에 비해 많았다. 그런데 그때부터는 많이 먹어도 체중이 늘지 않았다. 아무리 열심히 먹어도 71킬로그램에서 딱 멈추어 있었다. 마치 밀물이 밀려들어와도 바닷물의 경계가 일정한 한계를 넘지 않는 것처럼 내 체중도 71킬로그램 이상을 넘어가지 않았다. 사

실은 내친 김에 꿈의 체중인 74킬로그램까지<sup>키 180에 그 정도는 돼야
하겠기에</sup> 늘리고 싶었는데 도무지 71킬로그램의 벽을 넘지 않았다.

　참 신기했다. 체중이 줄어드는 것도 신기하고 늘어나는 것도 신
기했지만^{그런 속도로 체중이 변한 건 난생 처음이라} 체중이 기분 좋게 차
오르다가 멈추어 있는 것은 더더욱 신기했다. 왜 똑같이 먹고 활동
하는데 경계선에 도달할 때까지는 체중이 늘고, 경계선에 도달하
고 난 후에는 체중이 늘지 않는 것인지 정말 신기했다. 사실 바닷
물의 경계가 있듯이 몸에도 경계가 있고, 모든 생명에도 경계가 있
는 건 사실이다. 소나무는 소나무의 경계가 있고, 개나리는 개나리
의 경계가 있다. 개나 호랑이도 각각의 경계가 있다. 개를 아무리
잘 먹인다고 해서 호랑이처럼 크지는 않는다. 그리고 이처럼 경계
가 있기 때문에 형태가 가능하고 질서가 가능하다. 사실이다. 모든
생명에는 한계와 경계가 있다. 그런데 오직 한 가지 예외가 있다.
사람의 욕심이다. 사람의 몸에는 한계가 있는데 사람의 욕심에는
한계가 없다. 그래서 추악하다. 반생명적이다. 그러니 체중이 더
이상 늘지 않는 몸에게 그저 감사해야 할 터.

수술 후 여러 가지 몸의 변화를 경험하면서 몸의 물성을 발견했다면, 몸이 회복되는 과정에서는 몸의 신비와 해방의 기쁨을 경험했다. 수술 후 처음에는 어떤 것도 내 힘으로 할 수 있는 게 없었다. 눈동자를 굴리는 것, 팔을 조금 움직이는 것, 말하는 것, 생각하는 것 외에는 전적으로 간호사의 도움을 받아야 했다. 졸지에 갓난아이의 처지가 되었다. 전적인 수동성이 내 존재의 모습이었다. 그 중에서도 가장 힘들고 고역스러웠던 것은 침대를 벗어날 수 없다는 것 때문에 겪어야 하는 일들이었다. 밥을 먹고 이를 닦는 것은 혼자 할 수 있지만, 사실은 그것마저도 간호사의 도움이 없이는 불가능했다. 밥을 챙겨주는 일과 양치물을 떠다 주고 버리는 일까지 간호사가 도와주지 않으면 할 수가 없었다. 얼굴을 닦고 머리를 감는 것도 나는 그저 누워 있는 것 외에는 아무 것도 할 수 있는 게 없었다. 정기적으로 도와주는 도우미들에게 내 몸을 맡기는 것이 전부였다. 그런데 가장 커다란 고역은 역시 배설이었다. 용변이 필요할 때면 하루에도 몇 번씩 간호사에게 용기를 달라고 요청해야 하고, 침대에 누워 용변을 보고 나서도 간호사에게 용기를 건네주어야 하는데, 이게 보통 고역이 아니었다. 얼굴이 화끈거려 참을 수가 없었다. 정말 죽을 맛이었다.

그러니 혼자서 화장실 가는 것을 손꼽아 기다리는 건 너무 당연했다. 할 수만 있으면 침대에서 내려가려 했다. 하지만 수술 후 보름쯤 지나서야 처음으로 침대에서 내려왔다. 그런데 그 전부터 간호사들은 주의를 주었다. 혼자서는 걸을 수 없으니 절대 침대 밖으로 나오지 말라고. 침대 밖으로 나올 올 때에는 반드시 간호사를 부르라고. 넘어지면 큰일 난다고. 나는 속으로 코웃음을 쳤다. '무슨 소리? 아무리 큰 수술을 했다하더라도 서지도 못하고 넘어진다는 게 말이 되나?' 그런데 이게 웬일인가? 처음으로 어렵게 침대를 내려왔는데 발걸음을 딛고 서 있는 것부터가 힘들었다. 다리가 후들거리는 게 한 걸음을 뗀 다는 건 생각할 수도 없었다. 긴급히 간호사를 부르고, 간호사의 부축을 받고서야 겨우 흐느적거리는 몸의 균형을 잡을 수 있었고 한 걸음을 뗄 수 있었다. 그것도 비척거리며 아주 힘들게. 충격이었다. 정말 충격이었다. 엄청난 충격이었다. 세상에, 걸음을 떼지 못하다니? 불과 2주 만에 사람이 이렇게 망가질 수 있나? 상상할 수 없는 일이었다. 한 번도 상상해보지 못한 일이었다.

그렇지만 그것이 현실이었다. 할 수 없었다. 나는 침대에서 내려오는 것부터 조심스럽게 연습을 해야 했다. 처음에는 간호사의 부축을 받으며 발걸음 떼는 연습을 했고, 나중에는 주위의 물건들을 붙잡으며 홀로 화장실을 갈 수 있게 되었다. 형언할 수 없이 기뻤다. 혼자 화장실에 간다는 건 인간으로서의 수치를 벗어나게 되었다는 것뿐만 아니라 드디어 자유인이 되었다는 해방과 전환의 순간이었다. 정말 홀가분하고 감사했다. 그 후로 밥을 먹고 이를 닦는 것, 얼굴을 씻는 것도 혼자서 할 수 있게 되었다. 물론 혼자 했다고는 하지만 제대로 할 수 있는 건 아니었다. 세수만 해도 그랬다. 두 손으로 얼굴을 문지르는데 도무지 얼굴이 문질러지지 않았다. 아무리 힘을 주어도 손바닥으로 얼굴을 스치는 정도가 고작이었다. 그 정도로 팔에 힘이 없었다. 아, 얼굴을 씻는 것 하나도 그냥 되는 게 아니로구나! 얼굴을 문지르는데도 이렇게 많은 에너지가 필요한 거구나! 처음 알았다. 일주일쯤 지나서야 약간의 힘을 주어 얼굴을 문지를 수 있었다. 물론 평상시와는 비교도 할 수 없는 작은 힘이었다.

그렇게 간호사의 부축을 받으며 걷다가 보행 보조기에 몸을 의지해 걷는 연습을 했다. 아이가 백일쯤 되면 보행기를 타고 다리의 힘을 키우듯이 나는 커다란 보행보조기를 부여잡고 병원 복도를 걷기 시작했다. 반 바퀴, 한 바퀴, 약 40미터 정도 될 것임 두 바퀴, 나중에는 보조기 없이 다섯 바퀴까지 돌 수 있게 되었다. 드디어 직립 인간으로 돌아왔다. 아니 비로소 인간이 되었다. 홀로 걷는 인간. 그래, 직립은 자유다!

나는 드디어 직립 인간이 되어 퇴원할 수 있었다. 사실 이식 수술 이전에도 두 달 가량을 입원해 있었다. 간경화 합병증인 식도 정맥류 출혈과 피부 이식 수술 간병을 다스리기 위해 복부에 간접뜸이 아닌 직접뜸을 했었는데 그로 인한 화상 때문에 허벅지의 피부를 이식해야 했음 때문에 두 달 가까이 입원해 있었던 데다가, 열흘 정도 잠시 퇴원했지만 다시 입원해 이식 수술을 하고 한 달 만에 병원 문을 나서는 것인지라 마음이 설레었다. 6월의 하늘을 보니 맑고 환했다. 녹음이 온 산을 뒤덮고 있었다. 생명이었다.

아내가 병원 짐을 챙기고, 퇴원 수속을 밟고, 운전을 하여 집에 도착했다. 차에서 내려 대지의 생명을 한 가슴 들이마시고는 아파트로 들어가려고 계단을 내려가는데 아찔한 일이 벌어졌다. 병원에 있으면서 복도를 5바퀴씩 열심히 돌았기 때문에 별 생각 없이 혼자서 계단을 내려섰다. 그런데 첫 계단을 내려서는 순간 굽혔던 무릎이 꺾이는 것처럼 휘청했다. 계단을 내려가기 위해 한쪽 무릎을 굽혔는데, 굽힌 무릎을 지탱할 힘이 부족해 주저앉을 뻔 했다. 다행히 계단 벽을 붙잡아 주저앉음을 면하기는 했지만 순간 정신이 아찔했다. 평지를 걷는 것과 계단을 내려가는 것은 그렇게 달랐다.

집에 들어섰다. 아! 살아서 집으로 돌아왔다. 살아서 돌아왔다. 모든 것이 새롭고 감사했다. 드디어 퇴원 후의 일상이 시작되었다. 아침에 일어나면 먼저 혈압을 재고, 혈당을 체크한 다음, 식전 30분에 먹어야 할 면역억제제와 약을 챙겨 먹는 것으로 하루를 여는 일상이 시작되었다. 퇴원 후 한 달 정도는 하루에 15가지 약을 9번에 걸쳐서 먹었다. 집안에서 살지만 하루가 온통 병원 생활과 다를 게 없었다. 온종일 시간을 재가며 약을 먹고, 인슐린 주사를 맞는 게 하루 일과였다. 또 식후에는 약간의 운동이라도 해야 하기에 아파트 옆에 있는 학교 운동장으로 나가 걸었다. 그런데 한 걸음을 떼는 것이 정말 쉽지 않았다. 있는 힘을 다해야 겨우 한 걸음을 뗄 수 있었다. 계단을 오르기 위해서는 손으로 다리를 들어주어야 발을 계단 위에 올려놓을 수 있을 정도로 다리에 힘이 없었다. 걷는 모습도 영 불안정했다. 한 걸음을 떼는 것이 힘들뿐 아니라 몸을 지탱하는 것이 불안정했기 때문에 넘어지지 않기 위해서는 조심해야만 했다. 그때서야 노인들이 왜 그렇게 천천히 걷는지가 이해되었다. 그때 내 걸음걸이는 90세 노인과 다를 바 없었다.

그러나 시간이 가면서 점차 다리에 힘이 주어지고 걸음이 가벼워지기 시작했다. 퇴원 후 두 달이 지나자 걸음걸이도 조금씩 자연스러워졌다. 세 달쯤 지나서는 억지로 힘을 주지 않아도 걸음을 뗄 수가 있었다. 하지만 길게 가른 복부의 상처는 여전히 아팠다. 조금만 몸을 잘못 놀리거나 충격을 받아도 배가 울려 아팠다. 때문에 매사를 조심해야 했다. 그런데 그것도 시간이 가면서 조금씩 회복되었다. 그랬다. 몸이란 것이 쉽게 회복되는 게 아니었다. 힘들지만 인내하며 시간이 가기를 기다려야 했다. 단계를 건너뛰는 법도 없고, 서두른다고 단축되는 것도 아니었다. 몸이 스스로 회복할 때까지 가만히 지켜보며 기다려주어야 했다. 그렇게 한 걸음씩 몸이 회복되어 가는 과정을 지켜보고 있자니 하나님나라에 대한 예수님의 비유가 생각난다. 주인이 밭에 씨앗을 뿌리지만 주인이 모르는 가운데 싹이 나고 자란다는 비유 말이다. 막4:26~29 몸의 회복이 그랬다. 몸이 회복되는지 어쩌는지 모르는 가운데 시간이 지나고 보면 조금씩 회복되어 있었다. 시간이 지난 후에 돌아보면 기적처럼 몸이 회복되어 있었다.

몸의 회복을 달리 말한다면 해방이요 자유라 할 수 있다. 수술 이후 몸이 회복되는 모든 과정은 진실로 작은 해방의 과정이었다. 간염으로부터의 해방. 복수로부터의 해방. 식도 정맥류로부터의 해방. 무염식으로부터의 해방. 심리적 공포로부터의 해방. 간 중심으로부터의 해방. 생활의 제약으로부터 해방. 그리고 해방은 곧 자류로 연결되었다. 걸을 수 있는 자유. 먹을 수 있는 자유. 말할 수 있는 자유. 몸을 놀릴 수 있는 자유. 맘껏은 아니지만 책을 읽을 수 있는 자유. 마음이 억눌리지 않아도 되는 자유. 그랬다. 몸의 회복은 해방이요 자유의 과정이었다.

몸이 거의 회복된 지금, 나는 자유의 기쁨을 만끽하고 있다.

그래, 건강은 자유다!

18

한 가지 부족한 것

죽음의 커튼을 살짝 젖히고 바라본 생명의 세계는 정말 아름답고 찬란했다. 세상의 어떤 예술 작품도 생명보다 아름다울 수 없었고, 세상의 어떤 건물도 생명보다 구조적일 수 없었다. 지구는 온통 뜨거운 생명 덩어리였다. 그렇다. 진실로 모든 생명은 예술이다. 한없이 위대하고 완전하며 지혜롭고 아름다운 최상의 예술이다. 물론 세상에 생명처럼 연약하고 허망한 것도 없다. 잠시 있다가 사라지는 아침 안개와 같은 것이 생명이다. 하지만 생명처럼 역동적이며 강인한 것이 어디 있을까? 생명처럼 우아하고 빛나는 것이 어디 있을까? 무릇 모든 생명은 하나님의 손길이 깃든 우아한 작품이다. 모든 생명 속에는 창조주의 영광이 숨어 있고, 그분의 지혜와 숨결이 담겨 있다. 그분의 지혜와 아름다움을 반사하지 않는 생명은 하나도 없다. 하여, 위대하고 아름다운 생명의 세계를 다시 보고 있는 것만으로도 감당할 수 없을 만큼 황홀하고 감사했다.

그런데 그 위대하고 풍성한 생명의 세계에 한 가지 부족한 것이 보였다. 펄떡이는 생명으로 가득한 지구촌에 한 가지 부족한 것이 보였다. 바로 사랑이었다. 위대하고 완전하며 풍성하고 아름다운 생명의 세계에 유일하게 결핍된 것, 그것은 야속하게도 사랑이었다. 그랬다. 생명을 생명 되게 하는 것은 사랑이고, 모든 생명은 사랑을 먹어야 사는 법인데, 생명의 밥인 사랑이 생명의 세계에 없었다. 모든 생명이 사랑을 갈망하며 요구하지만 모든 생명에게 사랑이 없었다. 하여, 생명의 동산에서 살림의 잔치가 아니라 죽임의 광란이 벌어지고 있다. 아픔, 굶주림, 목마름, 분노, 분열, 싸움, 경쟁, 눈물, 죽임이 판을 치고 있다. 모든 생명 중에서도 특히 사람 세상이 더하다.

사랑은 곧 삶이다. 사랑은 곧 율법이다. 하나님을 아는 것이 지식의 근본이라면, 하나님을 사랑하는 것은 삶의 근본이다. 사랑하지 않는 삶은 다 허망하고 못됐으며 거짓되고 패악하다. 사랑이 율

법의 완성이라는 건, 하나님을 사랑하는 것과 이웃을 사랑하는 것이 삶의 완성이요 존재의 완성이라는 말에 다름 아니다. 그렇다. 사랑해야 삶을 사는 것이고, 사랑해야 하나님을 진실로 아는 것이다. 사랑의 행위가 따르지 않는 하나님 인식은 공허하다. 어디 그뿐인가? 사람을 회개에 이르게 하는 것도 사랑이다. 하나님의 사랑과 지체의 사랑에 감동한 자가 회개에 이른다. 사랑받은 자만이 회개한다. 사랑의 눈물은 회개의 눈물로 변한다. 그것이 사랑의 신비요 사랑의 능력이다. 사랑하는 것만이 생명을 낳고, 변화를 낳고, 회개를 낳고, 기쁨과 행복을 낳고, 삶을 낳는다. 사랑하지 못한 삶보다 더 큰 실패는 없다.

그런데 이 생명 세계에 사랑이 없다. 자식 하나도 제대로 사랑하지 못할 만큼 우리는 사랑하는 일에 있어 철저히 무력하다. 퇴원 후 얼마 지나지 않은 내 생활에서도 그랬다. 죽음의 커튼을 젖히고 생명의 세계를 황홀하게 바라본 나, 말로 다할 수 없는 하나님 아버지의 사랑과 가족의 사랑과 지체들의 사랑에 감동하며 뜨거운 눈물을 흘렸던 나, 하지만 퇴원 이후의 몇 날 조차도 사랑보다는 애착이 앞서는 나를 발견하지 않을 수 없었다. 그렇게 뜨거운 눈물을 흘리며 사랑하지 못한 삶을 서럽게 회개했으면서도 내 안에는 여전히 사랑이 부족했다. 아니, 사랑이 없었다. 사랑은 순간뿐이었고, 욕심과 기대는 끝이 없었다. 생명으로서 해야 할 일은 오직 사랑하는 것밖에 없는데, 사랑을 배우는 것이 삶인데, 사랑하는 것만이 하나님나라의 삶이요 구원의 삶인데, 나에게는 아직도 사랑이 없다. 그렇다. 나는 아직도 사랑의 초보자요 삶의 초보자다.

나의 미래가 얼마일지는 나도 모른다. 죽음의 커튼을 살짝 젖히고 생명의 세계를 바라보긴 했지만, 내 앞에는 여전히 죽음이 기다리고 있다. 죽음과 나의 거리는 그리 멀리 있지 않다. 어떻게 살아야 할까? 당연히 사랑의 초보자요 삶의 초보자로서 사랑을 배우고, 사랑을 몸으로 행하는 것을 익혀야 할 것이다. 생명의 세계에 부족한 그 한 가지를 채우는데 나의 미래를 집중해야 할 것이다. 그래야 죽음 앞에서 또다시 황망해하지 않을 테니까.

2부 : 고통과 삶에 대하여

　　우리는 지금 충격적인 자살 소식이 꼬리에 꼬리를 무는 세상을 살고 있다. 온 국민을 경악케 했던 전직 대통령의 자살을 비롯해서 젊은 연예인들의 잇단 자살, 그리고 '행복전도사'를 자처했던 최윤희 씨의 자살까지. 그야말로 자살이 일상의 뉴스가 되어버린 참으로 우울한 시대를 살고 있다. 지난 9월2010년 통계청이 발표한 자료에 따르면 우리나라의 20대 사망자 4,051명 가운데 44.6퍼센트인 1,807명이 자살로 목숨을 잃은 것으로 집계되었다고 한다. 하루에 5명 정도가 스스로 목숨을 끊고 있는 것이다. 10대의 경우는 전체 사망자 가운데 29.5퍼센트가 자살이라고 한다. 인생의 아름다움을 채 피워보지도 못한 청소년들이, 세상과 인생의 어떠함을 아직은 충분히 경험하지 못한 젊은이들이 삶의 가벼움과 무거움의 신비를 채 알기도 전에 꽃보다 아름다운 인생과 목숨을 짓밟고 있다.

지난 10년간 한국인의 자살률도 꾸준히 증가했다. 1999년에는 인구 10만 명당 자살률이 15.0퍼센트였는데 2009년에는 31.0퍼센트로 두 배가 늘었다. 특히 2009년의 자살률은 2008년보다 19.3퍼센트나 급증했다. 물론 자살하는 사람마다 이유가 있을 것이다. 자살하지 않을 수 없는 절박한 상황이 다 있을 것이다. 배경을 깊이 들여다보면 가슴 절절한 사연이 없는 자살은 없을 것이다. 더는 삶의 무게를 버텨낼 밑천이 없어서 자살하는 사람도 있을 것이고, 한 사람만 자기를 알아주고 지지해주어도 용기를 잃지 않았을텐데 세상에게 버림받은 자신이 너무 고독하고 외로워서 자살하는 사람도 있을 것이고, 고통을 이겨낼 자신이 없어서 죽는 사람도 있을 것이고, 어떤 희망도 찾을 수 없어서 죽는 사람도 있을 것이고, 자신의 억울함을 호소하기 위해 죽는 사람도 있을 것이다. 하지만 지금 우리 사회에서 벌어지고 있는 일련의 자살 현상에는 어떤 원인이 작용하고 있다고 생각된다. 자살을 시도하는 원인과 계기야 개인마다 다르겠지만, 많은 사람들이 잇따라 자살하는 오늘의 현상 속에는 일련의 원인이 있다고 생각된다. 특히 '행복전도사' 최윤희 씨의 죽음에서 오늘날 많은 사람들이 자살하는 배경을 조금은 발견할 수 있다고 생각된다. 그게 뭘까? 고통에 대한 두려움과 거부심리 때문이라고 생각한다. 고통에 대한 인식의 변화가 급증하는 자살의 가장 중요하고 근본적 배경이라고 생각한다.

행복전도사 최윤희 씨는 죽을 때에도 평소의 모습답게 왜 남편과 동반자살을 택했는지를 꾸밈없이 유서에 밝혔다. 지난 2년 동안 자가면역질환인 루프스라는 질병으로 입원과 퇴원을 반복하면서 많이 지쳤다는 이야기, 그래도 감사하고 희망을 붙잡으려 노력했다는 이야기를 했다. 왜 안 그랬겠는가? 그분도 얼마나 살고 싶었겠는가? 당연히 한 가닥 희망을 붙잡으려고 노력했을 것이다. 그런데 추석 전 주에 폐에 물이 찼다는 의사의 선고를 받았고, 숨쉬기가 힘들어 응급실에 실려 가는 상황이 벌어졌다고 한다. 연이어 심장에도 이상이 생겼단다. 그러자 그녀는 더는 희망을 붙들 수 없었던지 결국 죽음을 택하고 말았다. 그녀는 죽음 앞에서 이렇게 말했다. "더 이상 링거 주렁주렁 매달고 살고 싶지는 않았습니다. … 그동안 저를 신뢰해주고 사랑해주신 많은 분들께 죄송 또 죄송합니다. 그러나 700가지 통증에 시달려본 분이라면 저의 마음을 조금은 이해해주시리라 생각합니다."

나는 그분의 죽음을 충분히 이해한다. '700가지 통증'이라는 말 또한 결코 과장이 아니었을 것이라고 생각한다. 그녀의 고통을 몸으로 겪어보지 않았기에 함부로 말할 수는 없지만, 오죽 두렵고 힘들었으면 죽음을 선택했을지 이해가 된다. 그러나 이해한다고 해서 그 죽음을 정당화할 수는 없다. 고통이 아무리 두렵고 무섭다 해도 고통 때문에 자살하는 것을 정당화할 수는 없다. 그런데 최윤희씨를 비롯해서 많은 사람들이 고통 때문에 자살을 선택하고 있다. 지난 8일 민주당 최영희 의원이 경찰청으로부터 제출받은 '원인별 자살현황' 자료에 따르면 2005부터 2009년까지 5년간 우리나라 자살자 6만7378명 가운데 질병 때문에 자살한 사람이 1만4231명으로 21.9퍼센트에 달한다고 한다. 이 통계가 말해주듯 오늘날 사람들은 육체적인 질병의 고통과 마음의 고통 때문에 자살하고 있다. 고통에 시달리며 살기보다는 차라리 죽음을 선택하고 있다.

사실이다. 오늘날 자살이 급증하는 것은 경제적인 어려움이나 지나친 경쟁의 스트레스 때문이기도 하지만 가장 중대한 요인은 고통을 바라보는 눈이 지나치게 부정적이라는데 있다는 것이 나의 생각이다. 물론 고통을 긍정적으로 생각하고 환영하는 사람이 어디 있겠는가? 사람은 누구나 고통을 피하고 싶어 하고, 고통을 최소화하고 싶어 한다. 고통은 정말 누구에게나 끔찍한 것이다. 그동안 인류의 문명이 고통을 최소화하는 쪽으로 발전해온 것을 보아도 그렇고, 사람들이 천국을 고통 없는 곳이라고 상상하는 것을 보아도, 고통에 대한 인간의 두려움과 공포가 얼마나 심각한지를 짐작할 수 있다. 실제로도 인간은 그동안 과학, 의학, 심리학, 정신분석학, 종교, 기술, 복지 등 다양한 방법을 통해 고통 없는 삶을 추구해왔다. 고통 없는 삶을 인류의 이상처럼 생각하며 고통과 두려움을 몰아내기 위해 지난한 싸움을 싸워왔다. 그 결과 오늘에 이르러서는 상당한 성과를 일구어냈다. 적어도 의학적으로는 신체적인 고통을 몰아내는데 의미 있는 진전을 이루었다. 아무리 어렵고 큰 수술이라 해도 고통 없이 수술하고 있으니 말이다. 수술 이후에도 통증클리닉 덕분에 심각한 고통에 시달리는 일이 적어졌고. 정말 다행스러운 일이 아닐 수 없다.

하지만 깊이 생각해봐야 할 문제가 있다. 고통을 최소화하는 것이 과연 최선일까 하는 것이다. 고통 없는 삶이 정말 이상적인 삶일까? 고통이 적어지면 정말 행복할까? 고통 없는 삶이 정말 우리에게 유익할까? 물론 단순하게 생각하면 고통 없는 삶이 최선일 것이라고 생각된다. 고통이 없으면 고통에 대한 두려움과 공포에서 해방될 것이고, 그렇게 되면 정말 맘껏 행복을 노래할 수 있을 것이라고 생각된다. 하지만 삶이란 그렇게 단순하지 않다. 삶은 매우 복잡하고 신비하다. 고통 없는 삶이 매우 유익할 것 같고, 행복할 것 같고, 이상적일 것 같은데 사실은 그렇지 않다. 고통 없는 삶은 가능하지도 않거니와 유익하지도 않다.

만일 인생에 고통이나 고난이 없다고 생각해보라. 육체적인 고통이건 정신적인 고통이건, 어떤 고통이나 고난도 없다고 생각해보라. 세상만사가 원하는 대로 술술 풀리기만 한다고 생각해보라. 인간과 삶이 어떻게 될 것이라고 생각되는가? 더 이상 고통에 신음하지 않아도 될 테니까 정말 인간답고 행복한 삶을 살 것이라고 생각되는가? 하나님의 형상을 가진 인간으로서의 품위를 지키며 살 것이라고 생각되는가?

우리 자신을 한 번 들여다보자. 만일 나에게 아무런 고통이 없다면 나는 과연 어떤 사람이 될 것 같은가? 어떤 삶을 살 것 같은가? 다들 마음에 떠오르는 생각이 있을 게다. 그리고 그 생각들은 아마 크게 다르지 않을 것이다. 아마도 시편 기자의 고백과 비슷할 것이다. 시편 119편의 저자는 이렇게 고백했다. "고난당하기 전에는 내가 그릇 행하였더니" 시119:67 여기서 시인은 고난 없는 삶이 참 행복했었다고 말하지 않았다. 그때의 삶이 정말 아름다웠고, 반듯했다고 말하지 않았다. 고난당하기 전의 삶은 엉망이었다고 고백했다. 당신의 생각도 아마 같을 것이다. 내 삶에 고난과 고통이 없다면 나라는 인간, 나의 생활은 아마 엉망일 것이라고 생각했을 것이다. 사람이 어떤 존재인가? 만물보다 거짓되고 심히 부패한 것이 사람의 마음이지 않은가?_{렘17:9} 사람은 조금만 잘 나가면 금방 교만해지지 않는가? 조금만 숨 쉴 틈이 생겨도 하나님에게서 눈을 떼고, 하나님을 형식적으로 대하지 않았는가? 사실이다. 고통과 고난이 없어 보라. 사람은 자기도 모르는 사이에 신神이 된다. 특히 현대인을 지배하는 최고의 우상은 '자아 우상'이다. 사람들이 자기 자신에게 집중하고, 자기 욕심에 집착하는 것도 실은 '자아 우상'에 사로잡혀 있기 때문이다. 바울도 같은 말을 했다. 하나님이 고통의 매로 인간을 단련하지 않았더니 인간이 어떻게 되었는가 하면, 비열한 정신에, 독기에, 일구이언하고, 참을 수 없는 떠버리들이고, 자기 인생에 방해가 될 때는 부모조차도 버리는 참으로 우둔하고, 비열하고, 잔인하고, 냉혹한 자들이 되었다고._{롬1:30} 또 그런 인간들이 살아가는 삶에는 악이 들끓고, 욕망의 아수라장이 벌어지고, 악독한 중상모략이 판을 치고, 시기와 무자비한 살인과 언쟁과 속임수가 가득하다고._{롬1:29} 사실이다. 시편 기자가 고백한 것처럼 사람은 고통과 고난을 당하지 않으면 사람이 되기 어렵다. 아니, 되기 어려운 정도가 아니라 아예 될 수 없다. 인간적으로 단순하게 생각하면 고통 없는 삶이 매우 바람직할 것 같고, 유익할 것 같고, 이상적일 것 같은데 사실은 그렇지 않다. 인간에게 고통 없는 삶보다 더 해로운 것은 없다.

물론 고통은 결코 선일 수 없다. 성경도 고통을 선이라고 말하지 않는다. 고통은 엄연히 죄의 결과다. 하지만 그렇다고 해서 고통이 꼭 나쁜 것이기만 할까? 반드시 제거해야 할 혐오스러운 것이고, 불필요한 것이고, 비인간적인 것이기만 할까? 그렇지 않다. 고통이 선일 수는 없지만 고통이 악이지도 않다. 아니, 악이 아닌 정도가 아니라 사실은 유익한 면이 많다. 시편 119편의 저자는 말했다. "고난당하기 전에는 내가 그릇 행하였더니, 이제는 주의 말씀을 지키나이다"시119:67 이 말이 비록 짧고 간단하지만 이 한 마디 속에는 인생의 많은 우여곡절이 담겨 있다. 고난이라는 용광로에 몇 번씩 들랑날랑 한 자만이 뱉어낼 수 있는 말이다. 시인은 정녕 자신의 삶이 고난을 통해 조금씩 변화되는 것을 경험했을 것이다. 고난을 겪을 때에는 뱉어내고 싶을 만큼 쓰고 고통스러웠지만, 고난을 겪고 나면 신기하게도 내면이 성숙해지고 영혼이 맑아지는 것을 경험했을 것이다. 그러면서 시인은 결국 이해하기 어려운 이 한 마디를 하게 되었을 것이다. "고난당한 것이 내게 유익이라. 이로 인하여 내가 주의 율례를 배우게 되었나이다"시119:71 그렇다. 참으로 이해하기 어려운 역설이지만, 고난당한 자의 마지막 말은 '고난당한 것이 내게 유익이었다' 라는 것이었다. 성경은 심지어 하나님의 아들이신 예수님까지도 받으신 고난으로 순종함을 배웠다고 했다. 히5:8 옳다. 고난이 유익하다는 것은 예수님에게도 해당

되는 삶의 진실이다.

　C.S 루이스는 고통의 문제를 깊이 성찰한 사람이다. 그런 그가 고통에 대해 이렇게 말했다. "고통은 귀먹은 세상을 불러 깨우는 하나님의 메가폰"이라고.『고통의 문제, 141쪽』또 이렇게도 말했다. "고통은 반항하는 영혼의 요새 안에 진실의 깃발을 꽂는 것"이라고."144쪽 정말 정곡을 찌르는 말이다. 물론 고통은 분명히 죄의 결과다. 고통은 가장 끔찍한 것이고, 불쾌하기 이를 데 없는 것이다. 할 수만 있으면 영원히 경험하고 싶지 않은 것이다. 그런데 죄의 결과인 고통이 죄 때문에 신음하는 세상을 치유하는 치료제 역할을 한다. 가장 끔찍하고 불쾌한 고통이 죄에 갇힌 인간의 영혼을 깨우는 메가폰 역할을 한다. 예부터 내려오는 말도 있다. 독은 독으로만 풀 수 있다고. 옳다. 인간의 죄악으로 인해 주어진 고통도 고통으로만 치유될 수 있다. 이것이 자연의 섭리요 하나님의 섭리이다. 인간적인 논리로는 이해가 잘 안 되지만 인간의 경험은 그 진실을 말해준다. '아픈 만큼 성숙한다' 는 것은 성경이 말하는 진실일 뿐만 아니라 모든 인간의 경험이 인정하는 진실이다.

　그런데 요즘 사람들은 고통은 불필요한 것이고, 원시적인 것이고, 비인간적인 것이라고만 생각한다. 고통을 당해야 할 이유 같은 건 없다고 생각한다. 그래서 할 수만 있으면 고통을 제거하려 하고 무조건 회피하려 한다. 물론 고통을 피하고 싶지 않은 사람이 어디 있겠는가. 사람은 누구나 고통을 면제받고 싶은 마음이 있다. 하지만 요즘 사람들은 그 정도가 좀 지나치다. 고통을 당하며 사느니 차라리 죽는 게 낫다는 생각이 저변에 깔려 있다. 고통을 끌어안고 사는 것보다 더 어리석은 일은 없다고 생각한다. 그래서 고통스러운 상황을 만나게 되면 '차라리 죽어버릴까?' 하는 생각을 쉽게 한다. 고통이 두려워서 죽음을 선택하기도 하지만, 고통스러운 삶을 이어가는 것이 별 의미가 없다고 생각하기 때문에 죽음을 선택하는 경우도 많다. 그것이 경제적인 고통이건, 정신적인 고통이건, 육체적인 고통이건, 고통의 의미를 발견하지 못하는 생각의 가벼움이 자살을 부추기고 있다는 것이 나의 판단이다.

물론 고통의 의미라고 하는 것은 가만히 앉아서 발견할 수 있는 게 아니다. 고통의 의미는 고통을 겪어내지 않고서는 발견할 수 없다. 고통의 의미는 온 몸으로 고통을 겪어낸 자에게만 보이는 매우 특별한 선물이다. 그런데 오늘날 사람들은 고통을 쉽게 제거하는 무통문명에 길들여져 있어서 고통을 직면할 용기도 부족하고, 고통의 의미가 보일 때까지 견뎌내는 지구력도 부족하다. 그러다보니 고통의 의미를 발견하기도 전에 죽음을 선택해버리는 안타까운 일들이 꼬리에 꼬리를 물고 있다.

오늘날 자살이 급증하는 또 하나의 요인은 '신이 된 자아' 때문이라고 생각한다. 앞에서도 말했지만, 현대인을 지배하는 최고의 우상은 '자아 우상'이다. '신이 된 자아'를 다른 말로 바꾸면 '자아 우상'이 된다. '신이 된 자아'니 '자아 우상'이니 하니까 매우 거창하게 들리고, 나는 그런 것과는 상관없다고 생각되는가? 그렇지 않다. '자아 우상'이라고 하는 건 다른 게 아니다. 나 외에는 나를 지배할 어떤 권위나 힘도 인정하지 않는 것이 곧 '자아 우상'이다. 나 외에는 그 무엇도 나의 선택을 강제할 수 없다고 생각하는 것이 바로 '자아 우상'이다. 그리고 이런 자아 우상에 빠지게 되면, 결국 삶과 죽음까지도 내가 선택할 수 있는 것이라는 생각을 자연스럽게 하게 된다. 내가 살기 싫어서 죽겠다는데 무엇이 문제냐 하는 생각을 자연스럽게 하게 된다. 그러니 '자아 우상' 시대에 자살이 증가하는 건 매우 당연한 결과라 하겠다. 그렇다. 자아가 신이 되면 신이 된 자아가 자아를 살리는 것이 아니라 오히려 죽게 한다.

그런데 '자아 우상'을 깨뜨릴 수 있는 유일한 무기가 있다. 바로 고통과 고난이다. 인생의 승리와 성공, 만사형통의 축복과 행복으로는 절대로 자아 우상을 깨뜨릴 수 없다. 철학자 쇼펜하우어가 말했다. "만약 대기의 압력이 없다면 우리의 몸이 파열하는 것처럼,

인생에 빈곤과 가혹한 노동, 그 밖의 여러 가지 불행한 운명이 찾아드는 일이 없다면, 사람들의 오만은 계속 기승을 부리다가 비록 파열하는 위험에까지 이르지는 않더라도 급기야 비할 데 없는 어리석음과 광기의 사태에 이르게 될 것이다.”톨스토이, 『인생이란 무엇인가』 옳다. 고통과 고난이 없이는 사람의 오만이 꺾이지 않는다. 하여, 하나님께서는 어쩔 수 없이 고통을 허락하셔야만 했다. 죄로 물든 인간을 위해 인간이 가장 무서워하고 불쾌해하는 고통을 사용하셔야만 했다. 하나님이 전능하실지라도 고통 외에는 인간을 위할 수 있는 다른 방법이 없기 때문에 고통을 사용하는 수밖에 없었다.

삶에는 두 가지 피할 수 없는 진실이 있다. 하나는 사람이 가장 피하고 싶은 것이 고통이라는 것이고, 또 하나는 그럼에도 불구하고 고통 없는 삶은 사람에게 유익하지 않을 뿐 아니라 해롭기까지 하다는 것이다. 이것은 매우 잔인한 진실이지만 피할 수 없는 진실이다. 사실이다. 험한 인생길을 가다 보면 고통의 잔을 피할 수 없을 때가 있다. 도무지 감당할 수 없는 형극荊棘의 고통에 시달리게 될 때가 있다. 그럴 때 우리는 자살이라는 치명적인 위험에 빠질 수 있다. 죽음을 통해서라도 고통을 끝내고 싶은 치명적인 유혹에 붙잡힐 수 있다. 바로 그런 때에 우리는 꼭 기억해야 한다. 전능하신 하나님조차도 고통을 허용하고 사용하는 것 외에는 달리 방법이 없었다는 진실을. 하나님은 절대로 고통을 고통으로 끝내시는 분이 아니시라는 진실을. 그리고 쓰디쓴 고통의 잔이 은총의 잔으로 변화될 것이라는 믿음을 포기하지 말아야 한다.

'고난당한 것이 내게 유익이었다'는 시인의 말은 신앙적 환상도 아니고, 새빨간 거짓도 아니고, 피상적인 위로의 메시지도 아니다. '고난당한 것이 내게 유익이었다'는 시인의 말은 결코 부정할 수 없는 체험적 진실이 담긴 고백이다. 그렇다. 자고로 유혹을 물리칠 수 있는 최고의 무기는 진리와 진실이다. 예수님께서도 사단의 유혹을 받았을 때에 진리와 진실을 기억함으로써 물리쳤다. 그런데 손익계산은 언제나 진리와 진실을 가린다. 그러기 때문에 자살이라는 치명적인 유혹에 사로잡혀 있을 때에 손익계산을 하는 것보다 더 어리석고 위험천만한 일은 없다. 보라. 많은 이들이 손익계산을 하다가 자살이라는 유혹에 넘어갔지 않은가.

　　고통의 문제는 가장 절실하고 심각한 생명의 문제일 뿐만 아니라 지구촌 구석구석에 깊은 영향을 미치고 있는 삶의 문제이다. 사람이 불행을 느끼는 가장 원초적인 느낌이 무엇일까? 그것은 고통이다. 고통보다 더 잔인하고 처절한 불행감은 없다. 고통은 인간의 감정과 판단을 좌우하는 척도이기도 하다. 나에게 고통을 가하는 사람에게 느끼는 감정이 적대감이고, 나에게 고통을 가한 사람의 행동을 불의라고 생각한다. 내가 당한 고통을 되갚아 주고 싶은 마음이 어쩌면 정의에 대한 원초적인 감정일 수도 있다. 사람이 가장 외로움을 느끼는 것도 고통의 와중에 있을 때이고, 가장 무력감을 느끼는 것도 고통에 휩싸여 있을 때이다. 사람이 가장 치욕스러움을 느끼는 것도 역시 고통을 당할 때이다. 그렇다. 고통의 문제는 인간의 존재와 삶에 가장 깊이 영향을 미치고 있고, 가장 넓게 연루되어 있는 참으로 중대한 문제이다. 어쩌면 죽음보다도 더 근원적인 삶의 문제이고, 가장 절박하고 심각한 인간의 문제이다. 그러기 때문에 우리는 이 문제를 외면할 수 없다. 사실 고통의 문제는 매우 복잡하고 다차원적이다. 그러기 때문에 한 눈에 포착되지도 않을 뿐 아니라 들여다보아도 해독하기가 어렵다. 하지만 고통의 일차적인 유형을 살펴보는 것은 의미가 있다고 생각된다.

고통 중에는 첫째로 개인의 잘못된 생활습관이나 죄악으로 인해 겪는 고통이 있다. 교통사고, 도박, 알코올중독을 비롯한 각종 중독증, 과식이나 나태함으로 인한 질병 등을 들 수 있다. 교통사고만 해도 피해가 엄청나다. 국토해양부 자료에 의하면 최근 10년간 교통사고 발생건수가 무려 233만1063건이다. 교통사고로 인해 사망한 건수는 자그마치 6만9907건이다. 하루 평균으로 하면 교통사고 건수가 640여건, 교통사고 사망자 수가 20여 명이다. 이뿐 아니다. 교통사고로 인해 일평생 회복할 수 없는 장애를 입는 사람도 있고, 사고 후유증으로 일자리를 잃는 사람도 있고, 상상하기 힘든 고통을 겪는 사람들이 부지기수다. 교통사고 때문에 가족 전체가 몰락하는 경우도 있다. 이건 다 본인의 운전 미숙이나 과속

질주 때문에, 또 음주 운전 때문에 자초한 고통들이다. 도박이나 알코올중독으로 패가망신 하는 것도 그렇다. 과식으로 인해 질병에 시달리는 것도 마찬가지다. 학생들이 게임에 중독되어 공부를 하지 않는 것도 예외가 아니다. 성경에도 그런 일들이 나온다. 엘리사의 시종인 게하시는 나아만 장군에게 거짓말을 하고 뇌물을 받은 것 때문에 나병에 걸렸다. 열하5장 아간은 전리품을 훔친 것 때문에 돌에 맞아 죽었다. 수7장 사울 왕은 하나님의 말씀에 불순종한 죄 때문에 고난을 겪었다. 삼상15장 아나니아와 삽비라 부부는 사도들을 속인 것 때문에 차례로 그 자리에서 즉사했다. 행5장 다 본인 스스로 자초한 고통이다. 본인의 실수나 잘못된 생활 습관, 죄악 때문에 겪은 고난이요 고통이다.

둘째, 다른 사람의 잘못이나 죄 때문에 당하는 고통이 있다. 가만히 앉아서 교통사고를 당하는 것, 어린 시절에 아무 것도 모르고 성폭행을 당하는 것, 사기꾼의 거짓말에 속아 많은 재산을 잃는 것, 테러의 희생양이 되는 것, 중상모략을 당하는 것, 부모의 폭력에 시달리는 것, 노동자들이 노동의 대가를 정당하게 받지 못해 가난을 대물림하는 것, 이런 일들은 다 다른 사람의 잘못이나 죄 때문에 당하는 고통이다. 요셉도 그런 일을 당했다. 요셉이 청소년 시절에 이집트의 노예로 팔려간 것이나, 보디발의 집에서 가정 총

무로 일하다가 감옥에 갇힌 것은 요셉의 잘못이나 죄악 때문이 아니었다. 요셉은 어떤 잘못도 하지 않았다. 요셉은 그저 아버지의 사랑을 받았을 뿐이고, 놀라운 꿈을 꾸었을 뿐이다. 그리고 여주인의 유혹을 물리치면서까지 성실하게 보디발의 집사 노릇을 했을 뿐이다. 하지만 형들에게 버림을 당하는 상처를 받았다. 억울한 누명을 쓰고 감옥에 갇혔다. 순전히 질투심을 극복하지 못한 형들 때문이었다. 간교한 여주인의 사악함 때문이었다. 사실이다. 우리가 겪는 고통 중에도 다른 사람의 잘못이나 죄악 때문에 일방적으로 당하는 어처구니없는 고통이 정말 많다. 아마 고통의 90퍼센트 정도는 다른 사람의 잘못이나 죄 때문에 겪는 고통일 것이다. 우리가 고통을 말할 때에 보통 '고통을 당한다'고 말하는 것만 보아도 다른 사람의 잘못이나 죄악 때문에 겪는 고통이 대부분이라는 것을 알 수 있다.

이보다 더 광범위한 공동체의 죄악 때문에 겪는 고통도 있다. 국가 지도자들의 탐욕과 불의 때문에 백성들이 가난에 허덕이는 것이라든지, 독재자의 권력욕 때문에 백성들이 언론의 자유를 빼앗기고 감옥에 갇히고 국가권력에 짓밟혀 죽임을 당하는 일들은 보다 광범위한 사람들의 죄악 때문에 받는 고통이다. 전쟁도 마찬가지이다. 국가 공동체의 죄악 때문에 전쟁이 일어나면, 젊은이들은 어쩔 수 없이 전쟁터로 나가야 되고, 내가 죽지 않으려면 상대방을 죽여야 한다. 전쟁의 참화 속에서 이름 없는 생명들이 무참하게 죽는다. 가족과 부모를 잃은 자들이 거리를 방황한다. 모든 산업의 기반이 파괴된다. 전쟁으로 인한 고통과 상처는 말로 다 풀어낼 수 없을 정도다. 학생들이 공부하는 기계가 되기를 요구받으면서 쪼가리 지식을 머릿속에 저장하기 위해 고문 아닌 고문을 당하고 있는 것은 인류대학을 들어가야 한다는 학벌중심 사회의 관행과 부모의 욕심 때문이다. 또 흑인들이 당한 인종차별의 고통은 인류 전체의 죄악이라고 밖에는 설명할 수가 없다.

이런 고통은 개인의 결심이나 노력만으로는 극복하기가 어렵다. 사람은 함께 살아가는 존재이기 때문에 공동체가 가하는 고통을 피하기도 어렵고, 공동체 안에 상존하는 고통으로부터 자유하기도 어렵다. 흑인으로 태어나면 흑인들이 받는 인종차별의 고통을 받지 않을 수 없다. 한 가정이 경제적으로 쪼들리면 가족 전체가 고통을 받지 않을 수 없다. 개인의 결심이나 노력으로 피하거나 극복하기가 어렵다.

셋째, 피할 수 없는 사고나 자연 재해로 인한 고통이 있다. 기상이변으로 말미암은 홍수와 가뭄, 주기적으로 발생하는 태풍, 지진, 해일, 산사태, 또 자연적으로 발생하는 산불이나 전염병도 자연재해에 해당한다. 이런 재해는 수많은 사람들에게, 때로는 국가 전체에 엄청난 피해와 고통을 남긴다. 하지만 콕 집어서 누구의 죄 때문이라고 하기는 어렵다. 재해가 발생하면 그 지역에 사는 사람들은 선하게 산 사람이든 악하게 산 사람이든 가리지 않고 같은 피해를 입기 때문에 누구의 죄 때문이라고 할 수가 없다. 물론 소돔과 고모라는 의인 열 사람이 없어서 망했다. 공동체의 죄 때문에 공동체 전체가 망했다. 하지만 모든 자연 재해가 그 지역 사람들의 죄에 대한 하나님의 심판이라고 할 수는 없다. 우연한 사고로 인한 죽음도 마찬가지이다. 예측하지 못한 비행기 사고로 승객 전원이 사망했을 때 그 비행기에 탄 사람들의 죄가 특별하기 때문에 사고가 발생했다고 할 수 없다. 예수님께서도 말씀했다. 실로암에 있는 탑이 무너졌을 때 열여덟 사람이 치여 죽은 것은 다른 모든 사람보다 더 많은 죄를 지어서가 아니라고 말이다.눅13:4~5 그렇다. 우리가 겪는 고통 중에는 정말 예측하지 못한 우연한 사고로 인한 고통도 있고, 어떤 방법으로도 막을 수 없는 불가항력적인 고통도 있다.

넷째, 생명을 위험으로부터 보호하고 예방하기 위해 고안된 생명 보호 시스템으로서의 고통이 있다. 우리 몸은 자기 몸을 지키기 위해 고통이라는 고도의 시스템을 갖추고 있다. 그래서 몸에 이상이 생기면 즉각 신경이 통증을 보내 이상이 생긴 부분을 치료하거나 보호하게 해준다. 만일 우리 몸이 아픔을 느낄 수 없다면 어떻게 될까? 아마도 우리 몸은 수많은 위험에 노출되어 이내 곧 망가지고 말 것이다. 인도에서 선교사이자 한센씨병 환자들을 돌보는 의사였던 폴 브랜드가 경험한 일이다. 한 번은 창고의 문을 열려고 하는데 녹슨 자물쇠가 말을 듣지 않아 낑낑대고 있었다고 한다. 그런데 바로 그때 영양실조에 걸려있는 10살짜리 아이가 웃으면서 "제가 해 볼게요. 의사 선생님" 하면서 달려들더니 열쇠를 자물쇠에 집어넣고 손으로 홱 비틀어 열었다. 브랜드 박사는 나약한 어린 아이가 자기보다 더 큰 힘으로 열쇠를 돌린 것에 놀랐다. 그런데 이내 곧 땅바닥에 핏방울이 떨어져 있는 것과 소년의 손가락이 찢어져 피가 흐르는 것을 보고 그 힘의 비밀을 알았다고 한다. 그 소년은 손가락의 살갗은 물론이고 피하 지방과 관절까지 드러날 정도로 상처를 입었음에도 아무런 통증을 느끼지 못했던 것이다. 선천성 무감각증을 갖고 있는 여자 아이의 이야기는 더 충격적이다. 갓 돌을 지난 아이가 옆방에서 깔깔대며 좋아하는 소리를 내기에, 아기 엄마는 재미있는 놀이라도 발견했나 싶어 가보았다고 한다. 그런데 아이를 본 엄마는 소스라치듯 놀라지 않을 수 없었다. 아이가 자기 손가락을 물어뜯어서 흐르는 핏방울로 그림을 그리며 놀고 있었던 것이다. 참 놀랍다. 우리가 이렇게라도 건강을 유지하며 살고 있는 것은 몸이 예민하게 통증을 느끼기 때문이다. 양심의 고통도 마찬가지다. 양심의 소리를 듣는 것이 때로는 불편하고 고통스러운 일이지만, 만일 양심이 고통을 느끼지 못한다면 어떻게 되겠는가? 우리는 지금보다 훨씬 악하고 무질서한 삶을 살게 될 것이다. 사실이다. 우리 몸이 느끼는 통증이나 양심의 소리를 듣는 고통은 우리 몸과 영혼을 맑고 건강하게 지키기 위해 고안된 복된 고통이다. 꼭 필요한 고통이다.

다섯째, 하나님의 뜻이 있어서 받는 고통도 있고, 의를 위해 받는 고통도 있다. 간디나 흑인 인권 운동에 온 몸을 불사른 마틴 루터 킹 목사 같은 사람들이 당한 고통은 세상의 불의와 싸우다가 받은 고통이다. 바울이 당한 고통은 생명의 복음을 전하는 것 때문에 받은 고통이다. 예수님은 온 세상을 구원하기 위해 십자가의 고통을 당하셨다. 욥은 하나님의 필요 때문에 고통을 당했다. 요한복음에는 날 때부터 눈을 보지 못하는 사람의 이야기가 나온다. 예수님의 제자들이 맹인을 보고는 예수님께 물었다. "이 사람이 맹인으로 태어난 것이 누구의 죄 때문입니까? 본인입니까 그의 부모입니까?" 그러자 예수님이 말씀했다. "이 사람이나 그 부모의 죄로 인한 것이 아니라 그에게서 하나님이 하시는 일을 나타내고자 하심이라" 요9:1~3 그렇다. 고통 중에는 하나님의 필요 때문에 겪어야 하는 고통도 있고, 의를 위해 받아야 하는 고통도 있다.

여섯째, 큰 틀에서 보면 죄 때문이라고 할 수 있지만 작은 틀에서 보면 꼭 죄 때문이라고 할 수 없는 일상적인 고통이 있다. 사람이 늙고, 병들고, 죽는 것을 꼽을 수 있다. 모든 생명은 때가 되면 죽는다. 성경은 죽음을 죄악의 결과라고 말한다. 맞다. 죽음은 죄악이 낳은 괴물이다. 하지만 한 사람의 죽음을 가리켜 그 사람의 죄 때이라고 말하는 것은 좀 억지스러운 면이 있다. 생각해 보라. 늙는 것을 죄라고 할 수는 없지 않은가. 감기에 걸리는 것을 죄라고 할 수는 없지 않은가. 사람이 죽는 것도 마찬가지다. 사람이 질병에 걸려 죽든지, 늙어 자연스럽게 죽든지 죽는 것을 죄라고 할 수는 없다. 또 조로증이나 다운증후군 등 특이한 질병을 갖고 태어나는 것도 부모의 죄나 본인의 죄 때문이라고 단정할 수 없다. 서로의 생각이 달라서, 생활 방식과 문화가 달라서, 기질이 달라서 겪게 되는 충돌이나 고통도 역시 마찬가지이다. 누구의 죄 때문이라고 단정할 수가 없다. 남편은 시골을 좋아하고 아내는 도시를 좋아하는 것 때문에 갈등하고 충돌하는 걸 가지고 누구의 죄 때문이라고 할 수 없다. 이런 고통은 누구 때문에도 아니고 무엇 때문에도 아니다. 빛이 있으면 그림자가 생기는 게 자연의 이치이듯이 서로가 해치지 않아도 서로가 다른데서 오는 갈등과 고통이 있는 법

이다. 정신과 의사인 스콧 팩은 안락사에 관한 책 『영혼의 부정』에
서 심리적 고통의 대부분은 질병이 아니라 인간의 조건에서 비롯
되는 고유한 현상이라고 했다. 옳다. 사람은 고통을 피할 수 없는
환경에 둘러싸여 있다. 우리의 의지와 우리를 둘러싸고 있는 삶의
현실이 일치하지 않기 때문에 그 틈바구니 속에서 사람은 고통을
느낄 수밖에 없다. 스콧 팩은 이런 고통을 가리켜 '생존적 고통' 이
라고 했다. C. S. 루이스는 "고통을 배제한다는 것은 삶 그 자체를
배제하는 것과 같다." 『고통의 문제』 50쪽고 했다. 그렇다. 삶에는 삶
자체에 내재된 고통이 있는 법이다.

　우리가 단순하게 생각하면 모든 고통이 하나인 것 같이 보인다.
고통은 다 같은 것이라고 생각되기도 한다. 하지만 살펴본 것처럼
고통에도 여러 모습이 있다. 어떤 고통은 자신의 죄 때문이고, 어
떤 고통은 다른 사람이나 공동체의 죄악 때문이고, 어떤 고통은 우
리가 알 수 없는 하나님의 필요 때문이거나 다른 사람의 고통을 짊
어지는 것 때문이고, 어떤 고통은 우리를 육체적으로나 인격적으
로 보호하고 회복시키기 위해서이고, 어떤 고통은 자연재해나 우
연한 사고 때문이고, 어떤 고통은 삶 자체에 내재된 것이기도 하
다. 때문에 모든 고통을 한 묶음으로 처리하는 것은 매우 위험하
다. 모든 고통을 죄의 결과라고 몰아세우는 것도 위험하고, 모든

고통을 피할 수 없는 운명이라며 낙심하는 것도 위험하고, 무조건 회피하는 것도 위험하고, 무조건 견디는 것도 위험하다. 고통의 책임을 전적으로 하나님에게 돌리는 것도 위험하고, 무조건 자기 탓으로 돌리는 것도 위험하다.

고통의 문제는 욥의 친구들처럼 몇 가지 선입견이나 고정된 틀로 접근하면 안 된다. 고통의 문제는 매우 복잡하고 다차원적이기 때문에 열린 자세로 접근해야 한다. 그리고 그렇게 하기 위해서는 먼저 고통을 대면해야 하고, 고통을 대면하기 위해서는 용기가 있어야 한다. 고통을 깊이 응시하기 위해서는 진지함이 필요하겠고, 고통의 잔을 내치지 않기 위해서는 신중함이 있어야 한다. 그럴 때 우리는 이 고통이 어떤 유형의 고통이요 어떤 배경에서 비롯된 고통인지를 이해할 수 있다. 물론 고통의 유형과 배경을 이해한다고 해서 한 순간에 고통이 없어지는 건 아니다. 고통은 우리의 이해와 상관없이 우리를 힘들게 한다. 하지만 그럼에도 불구하고 고통을 대면하고 응시하는 건 필요하다. 그렇게 하지 않으면 고통에게 공격당하고 잡아먹힐 수 있으니까 말이다.

주변을 살펴보자. 고통에게 공격당하여 파멸하는 사람들이 의외로 많다. 다른 사람의 죄 때문에 당하는 고통을 하나님이 보호해 주시지 않았다고 원망하다가 영혼이 무너지는 사람도 있고, 내 죄 때문이라고 자신을 탓하면서 스스로를 짓이기는 사람도 있다. 반대로 내 어리석음과 잘못된 욕심 때문에 겪는 고통을 다른 사람 때문이라고 책임을 전가하는 파렴치한도 있고, 하늘과 땅을 원망하다가 자폭하는 사람도 있다. 고통을 이기지 못하고 자살하는 사람도 많다. 하지만 고통을 이해하게 되면 고통에게 공격을 받고 무너지는 최악의 재앙은 피할 수 있다. 생각해보자. 지금 이 고통이 내가 회개하고 책임져야 할 고통이라는 게 이해된다면 어떻게 될 것 같은가? 힘들겠지만 고통을 감내하지 않겠는가? 아마도 그럴 것이다. 책임 있는 행동으로 돌아서게 될 것이다. 또 지금 이 고통이 억울하고 이해되지는 않지만 묵묵히 견뎌내야 하는 고통이라는 게 이해된다면, 그걸 모르는 것보다는 훨씬 수월하게 고통을 견뎌 낼 수 있을 것이다. 능동적으로 짊어져야 하는 고통이라고 이해한다면 감사한 마음으로 고통을 짊어지게 될 것이다. 고통뿐 아니다. 모든 일이 그렇다. 어떤 문제라도 실상을 제대로 이해하기만 하면 지혜로운 길이 보이고, 극복할 힘을 얻게 된다. 불교에서 전해오는 이야기가 있다. 한 여인이 죽은 아기를 안고 부처님께 찾아가서 아기를 다시 살려줄 수 없겠느냐고 간청했다. 부처는 여인의 딱한 사정을 듣고 동네에 가서 겨자씨를 얻어오라고 말했다. 특별히 아무도 죽은 적이 없는 집에 가서 겨자씨를 얻어 와야 한다고 말했다. 부처님의 말씀을 들은 여인은 온 동네를 다니며 겨자씨를 찾다가 결국 죽음을 겪지 않은 집이 없음을 깨닫고 부처님께 돌아와 감사를 표하고 집으로 돌아갔다는 이야기이다. 사람이란 참 신비하다. 고통의 배경을 이해하기만 해도, 이 고통은 피할 수 없는 것이라는 사실을 깨닫기만 해도 고통을 감내할 힘이 생긴다. 어디서 그런 힘이 솟아나는지는 모르지만 고통을 감내할 힘이 생기는 건 사실이다.

유대 왕 히스기야를 보자. 그는 한창 나이에 병들어 죽을 위기에 처했었다. 이사야 선지자로부터는 "네가 죽게 되었으니, 너의 집안 모든 일을 정리하라. 네가 다시 회복되지 못할 것이다"는 사형선고까지도 들었다. 그때 히스기야 왕의 심정이 어땠을까? 히스기야는 그때의 마음을 이렇게 고백하고 있다. "내가 다시는 주님을 뵙지 못하겠구나. 사람이 사는 땅에서는 다시는 주님을 뵙지 못하겠구나. 내가 다시는 세상에 사는 사람 가운데서 단 한 사람도 볼 수 없겠구나. 목동이 장막을 거두어서 자리를 옮기듯이 나의 생명도 장막처럼 뜯겨서 옮겨질 것이다. … 주님께서 조만간에 내 목숨을 끊으실 것이다. 나는 제비처럼 학처럼 애타게 소리 지르고, 비둘기처럼 구슬피 울었다. 나는 눈이 멀도록 하늘을 우러러 보았다. '주님 저는 괴롭습니다. 이 고통에서 저를 건져 주십시오!' "사 38:11~14 그는 코앞에 닥친 죽음 앞에서 절망하지 않을 수 없었다.

신음하지 않을 수 없었다. 그러나 그는 신음만 하지 않았다. 절망만 하지 않았다. 그는 고통의 현실을 거부하거나 외면하지 않고 정직하게 대면했다. 그리고 그 현실을 하나님의 손에 올려 드렸다. 비록 하나님께 사형선고를 받았지만, 그럼에도 불구하고 그 하나님에게 자신의 절망스러운 현실을 올려드렸다. 히스기야가 하나님에게 구원의 손길을 내밀었다는 것은 이미 자신의 현실을 부정하거나 도피하지 않고 냉정하게 인식하고 받아들였다는 걸 의미한다. 물론 마음으로야 백 번이고 천 번이고 부정하고 싶었을 것이다. 하지만 히스기야는 마음 내키는 대로 하지 않았다. 감정을 추스르며 현실을 끌어안았다. 현실과 함께 아파했다. 그 결과 어떻게 됐는가? 히스기야는 고통에게 공격당하지 않았다. 그런데 반대로 고통스러운 현실을 정직하게 대면하지 않았다면 어땠을까? 아마 죽음이라는 절대 절망 앞에서 몸부림치다가 고통에게 일격을 당했을 것이다. 옛말도 있지 않은가. 호랑이에게 열두 번을 물려가도 정신만 차리면 산다고. 사실이다. 우리의 신앙과 이성의 촉수가 깨어 있으면 고통에게 열두 번을 물려도 죽지 않는다. 고통의 현실을 대면하는 용기와 고통을 응시하는 진지함, 고통의 잔을 내치지 않는 신중함, 그리고 하나님을 향한 신뢰를 잃지만 않는다면 아무리 힘든 고통이 몰아친다 해도 고통에게 잡아먹히는 참담함에 빠지지는 않는다. 고통에게 잡아먹히는 참담함에 빠지지 않을 뿐 아니라

고통이 삶의 에너지로 바뀌는 신비한 변화가 일어난다.

고통의 마지막 진실은 이것이다. 고통이 비록 죽음의 공포보다 더 공포스럽고 살고자 하는 의지마저 짓누를 정도로 끔찍한 것이 긴 하나, 고통이 우리의 존재를 파괴할만한 힘은 가지고 있지 않다는 것이다. 고통이 삶을 흔들고 공격할 수는 있어도 삶을 무너뜨릴 수는 없다는 것이다. 욥을 생각해보라. 하나님께서 사단에게 뭐라고 했는가? 욥의 생명은 건드리지 말라고 하지 않았는가? 고난과 고통에게 생명까지도 해할 수 있는 권한과 능력을 주지는 않았지 않은가? 사실이다. 고난과 고통에게 힘과 무기를 쥐어주는 것은 사람이다. 우리가 고통을 두려워하고 무서워하기 때문에 고통이 괴력을 발휘하는 것이지 고통 자체가 존재와 삶을 삼키지는 못한 그러므로 어떤 고난이 몰려오고 고통이 닥쳐와도 두려워하지 말아야 한다. 두려워하지 말고 그런 현실을 대면하는 용기와 깊이 응시하는 진지함, 걷어차지 않는 신중함, 하나님을 향한 신뢰를 잃지 않아야 한다. 우리가 고통을 두려워하지만 않는다면 고통은 반드시 때가 되면 물러나게 되어 있다.

요셉과 고통

　사람이 고통의 한 가운데 있을 때 본능적으로 갖게 되는 일차적인 반응은 고통을 피하는 것이다. 사람들이 괴로울 때 보통 술을 찾는다. 좀 심하면 마약을 찾기도 한다. 왜 그럴까? 잠깐이라도 괴로움을 잊고 싶어서이다. 육체적인 고통이 심할 때 진통제를 찾는 것도 다른 이유가 없다. 고통을 누그러뜨리고 싶어서이다. 또 고통을 피하기 위해서 다른 일에 집중하기도 한다. 안 하던 운동을 열심히 한다든지, 새로운 일을 만들어서 정신없이 일을 한다든지, 새로운 사람을 만나서 연애를 한다든지, 새로운 곳으로 여행을 떠난다든지 하는 것도 다 고통을 잊고 싶어서 그런 것이다. 결국 우리가 고통을 다루는 방식은 대부분 고통을 삶의 외부로 밀어내는 방식이다. 마치 60초 시한폭탄을 돌리는 게임을 하는 것과 같다고 할 수 있다. 시한폭탄이 나에게 주어지면 터지는 순간을 피하기 위해 재빨리 다른 사람에게 폭탄을 넘기는 것처럼 고통도 할 수만 있으면 재빨리 내 삶의 영역 바깥으로 밀어내려고 한다. 생각해보라. 고통을 끌어안고 싶은 사람이 누가 있겠는가? 고통을 대면한다는 것은 정말 누구에게나 힘겨운 일이다. 때문에 일단은 피하고 보자, 일단은 잊고 보자, 일단은 밀어내고 보자는 반응이 자연스럽게 나오게 되어 있다.

그렇다. 고통과 함께 한다는 것은 정말 힘든 일이기 때문에 할 수만 있으면 고통과 삶을 분리하려 든다. 고통을 눈앞에서 제거하려 한다. 하지만 고통은 삶의 일부이다. 결코 거부할 수 없는 삶의 일부이다. 이것은 동서고금 남녀노소 누구에게나 해당되는 진실이다. 그런데 사람들은 의외로 고통을 삶의 일부라고 생각하고 싶어 하지 않는다. 고통은 삶을 파괴하는 것이라고만 생각하지 삶의 일부라고 생각하지는 않는다. 아담 이후로 지금까지 모든 사람이 고통을 겪어왔음에도, 사람 안에는 고통을 삶의 일부라고 생각하고 받아들이는 것 자체를 거부하는 심리가 있다. 적어도 나에게만큼은 고통이 삶의 일부가 되지 않았으면 좋겠다는 허망한 기대심리가 있다. '나도 예외일 수 없다'고 생각하기보다는 '나만큼은 예외'이기를 기대하는 마음이 뿌리 깊이 박혀 있다. 그러다보니 사람들의 대응방식 또한 일단은 피하고 보자, 잊고 보자, 밀어내고 보자는 방식에서 벗어나지 못하고 있는 게 사실이다. 그리고 고통을 피하자, 잊자, 밀어내자고 하는 의지는 기본적으로 고통과 삶을 분리하는 이원론적인 사고에서 나온 것이기 때문에 고통과 삶이 만날 수가 없다. 아무리 많은 고통을 당해도 고통을 당할 뿐이지 고통과 삶이 만나지는 못한다. 물과 기름이 한 통 속에 있어도 섞이지 않고 물 따로 기름 따로 분리되어 있는 것처럼 고통과 삶도 그렇다. 현실을 보라. 우리가 수없는 고통을 겪으면서 살고 있지만, 과연 고통과 삶이 만나고 있는가? 현상적으로 보면 고통과 삶이 뒤섞여 있고, 고통이 삶을 침범하고 있지만 깊이 들여다보면 그렇지 않다. 고통과 삶이 뒤엉켜 있고, 고통이 삶을 침범하고 있음에도 불구하고 고통과 삶이 조우하지를 못하고 있다. 삶이 줄기차게 고통을 외면하고, 잊고, 밀어내기 때문에 고통과 삶이 조우하지를 못하고 있다. 나는 이것이 이 시대의 문제라고 생각한다. 이 시대에 많은 사람들이 고통 앞에서 무너지고 자살하는 것도 바로 고통과 삶이 조우하지 못하는 것 때문이라고 생각한다. 고통이 삶을 집어 삼키고 있음에도 불구하고 삶이 고통을 만나지 못하는 것이야말로 이 시대 삶의 비극이라고 생각한다.

미국인 론 이야기이다. 론은 나이 든 동업자와 함께 약국을 경영하는 젊은 약사이다. 어느 날 론이 약국 문을 닫으려고 할 때였는데, 약물에 중독된 한 청소년이 권총을 들이대면서 약과 돈을 요구하는 것이었다. 론은 절대 영웅이 될 생각이 없었기 때문에 하루치 수입을 잃어버릴 각오를 했다. 돈을 꺼내려고 떨리는 손으로 현금출납기로 손을 뻗었다. 그런데 그만 돌아서다가 발을 헛디뎌 카운터를 끌어안듯 넘어졌다. 순간 강도는 그가 총을 집으려는 것으로 오인하고 총을 발사했다. 총알은 론의 복부를 지나 척추에 박혔다. 곧바로 병원으로 후송돼 총알을 제거하고 생명은 구했지만, 다시는 두발로 걸을 수 없는 불구의 몸이 되고 말았다. 론이 병원에 있을 때 한 친구가 찾아와서는 위로의 말을 건넸다. "나는 우리 삶에 일어나는 모든 일에 목적이 있다고 믿네. 우리에게 일어나는 일은 어쨌든 결과적으로는 우리를 위한 일이라구. … 자넨 항상 잘 생기고 건방진 녀석이었지. 반짝이는 차에다가 여자들에게도 인기가 좋고, 부자가 되리라는 자신감에 차 있었어. 자넨 자신보다 못한 사람들에 대해 걱정이라곤 해본 적도 없었지. 아마 이번 일은 하나님이 자네에게 보다 사려 깊고 남의 처지에 대해 민감해지라고 교훈을 주시는 방법이었을 걸세. 아마 이것이 자네의 교만함과 거만함을 정화시키시고, 그런 식으로 성공하면 어떻게 될 것인가를 깊이 생각하게 하시는 하나님의 방식이었다는 말이지. 이것이 자네를 보다 선하고 섬세하게 만드시는 하나님의 방법이라는 뜻일

세."『왜 착한 사람에게 나쁜 일이 일어나는가』 37쪽 욥의 친구들과는 반대
되는 이야기를 했다. 그런데 론이 친구의 말을 들었을 때 심정이
어땠는지 아는가? 병원 침대에 누워있는 처지만 아니었더라도 그
친구의 얼굴을 한 대 갈겨주고 싶었다고 했다. 그렇다. 우리는 고
통을 당한 친구를 위로한답시고 너무 쉽게 말한다. 너무 쉽게 의미
를 부여하고, 너무 쉽게 하나님의 뜻을 부여한다. 그런데 이렇게
하는 것조차도 사실은, 고통은 빨리 교통정리해서 덮어버려야 한
다는 강박관념이 있기 때문이다.

　　매우 역설적인 이야기인데, 고통이 삶에 깃들어 있는 것은 사실
삶을 위해서이다. 사랑의 하나님께서 고통을 없애버리지 않고 잠
자코 지켜보시는 것은 삶을 짓밟고 파괴하기 위해서가 아니다. 삶
을 북돋우고 회복하기 위해서이다. 물론 매우 슬프고 잔인한 일이
긴 하다. 그러나 이것은 거부할 수 없는 진실이다. 왜 많은 사람들
이 고통에게 공격당하는지 아는가? 왜 많은 사람들이 고통에 찔려
피 흘리는지 아는가? 고통이 삶과 조우하지 못하도록 외면하고 잊
고 밀어내기 때문이다. 고통과 삶이 분리되어 서로 싸우기 때문이
다. 고통을 회피하고 잊어버리고 밀어내려 하면 할수록 고통에 대
한 두려움만 더 커지고, 더 예민해지고, 더 약해지는데도 불구하고
고통을 회피하고 잊어버리고 밀어내려고만 하기 때문에 고통이 삶

을 북돋아주지 못하는 것이고, 삶을 일으켜주지 못하는 것이다. 하지만, 반대로 고통과 삶이 조우하기만 한다면 고통은 의외로 삶을 따뜻하게 감싸 줄 것이다. 혼돈 속에서 흐느적거리던 삶을 일깨워 줄 것이다. 삶이 자기 길을 갈 수 있도록 등 떼밀어 줄 것이다. 사실이다. 고통이 삶과 조우하고, 우리의 마음과 영혼과 조우하면 고통은 놀랍게도 우리의 마음과 영혼과 삶 전체를 맑게 정화시키고, 풍성하고 아름답게 자라게 한다. 뜨거운 불이 도자기를 빚어내듯이 마음과 영혼과 삶을 새롭게 빚어낸다.

요셉을 보자. 창37장 요셉은 야곱이 제일 사랑했던 여자 라헬에게서 얻은 아들이다. 더욱이 나이 들어 얻은 아들이다. 그래서였을까? 야곱은 요셉을 다른 아들들보다 더 사랑했다. 그 당시에 채색옷은 족장의 후계자나 상속권을 가진 자에게 입혔는데 야곱은 요셉에게 채색옷을 지어 입혔을 정도로 야곱의 요셉 사랑은 유별났다. 거기다가 요셉은 형들의 잘못을 아버지에게 일러바치기도 했고, 형들을 무시하는 꿈을 꾸고는 장황하게 꿈 이야기를 늘어놓기도 했기 때문에 모든 형제들에게 미움을 받는 건 어쩌면 당연한 일이었다. 그러다가 형들이 세겜에서 양떼를 치고 있을 때였다. 요셉은 형들과 양들이 잘 있는지 보고 오라는 아버지의 분부를 받고 세겜으로 갔다. 세겜에서 양을 치던 형들이 멀리서 오고 있는 요셉을 보았다. 그리고는 동생을 죽이자고 함께 공모를 했다. 다행히 르우벤이 요셉을 살리기 위해 '목숨만을 해치지 말자고, 피는 흘리지 말자고, 들판에 있는 구덩이에 아이를 던져 넣기만 하자' 고 유도해서 목숨을 부지할 수는 있었지만, 어쨌든 은 이십에 미디안 상인들에게 팔리고, 또다시 이집트 왕의 신하인 친위대장 보디발의 종으로 팔리는 불운을 겪어야 했다. 그의 나이 열일곱 살 때였다. 그뿐 아니다. 보디발의 아내를 강탈하려 했다는 누명을 쓰고 감옥에 갇히기도 했다.

인간적으로 생각하면 정말 억울하기 짝이 없는 고통이다. 정말 지우기 어려운 상처요 배신이다. 열일곱 살 소년이 감당하기에는 너무나도 잔인한 고난이다. 그런데 성경 어디를 보아도 요셉이 고통과 싸웠다는 흔적이 없다. 고통에서 벗어나려고 몸부림을 쳤다거나, 고통을 잊고 밀어내기 위해 심리적인 조작을 했다는 흔적을 찾을 수가 없다. 오해하지 마시라. 요셉이 아파하지 않았다고 말하는 게 아니다. 억울해하지 않았다고 말하는 게 아니다. 형들에게 분노하지 않았다고 말하는 게 아니다. 요셉은 분명히 울었을 것이다. 분노했을 것이다. 억울해 했을 것이다. 왜 이런 일을 당하게 하는 거냐고 하나님께 묻고 또 물었을 것이다. 하지만 그러는 가운데서도 요셉은 고통으로 가득한 억울한 현실을 외면하거나 거부하지 않았다. 삶이 왜 이리도 개떡 같으냐며 걷어차지 않았다. 정말 억울하고 고통스러웠지만 그럼에도 그런 현실을 묵묵히 살아갔다. 억울함과 분노로 가득한 현실, 너무나도 잔인한 눈앞의 현실을 발로 차버리지 않고 꿋꿋하고 성실하게 살아갔다. 요셉의 삶과 요셉이 당한 고통은 분리되지 않았다. 고통이 삶을 거부하거나 밀어내지도 않았고, 삶이 고통을 거부하거나 밀어내지도 않았다. 고통과 삶이 조우했다. 고통과 삶이 따로따로가 아니었다. 고통과 삶은 한 덩어리였고, 함께 굴러갔다.

그리고 삶과 고통이 분리되지 않고 함께 굴러갔기 때문에 세월이 흐른 후 이집트의 총리가 되어 형들을 만났을 때에 이렇게 말할 수 있었다. "내가 형님들이 이집트로 팔아넘긴 그 아우입니다. 그러나 이제는 걱정하지 마십시오. 자책하지도 마십시오. 형님들이 나를 이곳에 팔아넘기긴 하였다만, 그것은 하나님이 형님들보다 앞서서 나를 여기에 보내셔서 우리의 목숨을 살려주시려고 그렇게 하신 것입니다. … 하나님이 나를 형님들보다 앞서 보내신 것은, 하나님이 크나큰 구원을 베푸셔서 형님들의 목숨을 지켜 주시려는 것이고, 또 형님들의 자손을 이 세상에 살아남게 하시려는 것입니다. 그러므로 실제로 나를 이리로 보낸 것은 형님들이 아니라 하나님이십니다." 창45:5~7 참 놀라운 고백이요 해석이 아닐 수 없다. 그런데 사실은 성경 어디에서도 하나님이 함께하셨다는 증거를 발견할 수가 없다. 요셉이 죽임의 위기를 넘긴 것이나 노예로 팔려간 것이나 감옥에 갇히게 되었을 때에 하나님의 손길이 작용했다는 것은 요셉 자신의 고백만 있을 뿐이지 실체적 증거를 찾을 수는 없다. 현상적으로 보면, 그 모든 일은 전적으로 형들의 사악함과 보디발의 아내의 간교함 때문에 벌어진 불행한 사건이었다. 그런데 요셉은 오늘을 위해 그때 그 일이 일어난 것이라고, 하나님이 하신 것이라고 해석했다.

자, 요셉의 이런 해석을 어떻게 이해해야 할까? 요셉이 해석한 대로 하나님이 팔려가게 하신 것이라고 받아들여야 할까? 아니면 일이 잘 풀려서 과거의 응어리와 분노가 이미 해소되었기 때문에 긍정적으로 해석한 것이라고 이해해야 할까? 아니면 인간의 사악함으로 인해 벌어진 일을 너무 쉽게 하나님의 섭리로 덮어버린 것이라고 부정적으로 이해해야 할까? 뒷부분의 이해는 제쳐두고 첫번째 이해에 대해서만 살펴보자. 요셉이 고백한대로 하나님이 하셨다고 해보자. 그러면 세 가지 문제가 남는다. 첫째로 형들의 사악함과 보디발의 아내의 간교함을 어떻게 해석해야 하는가 하는 문제, 둘째로 그렇다면 형들이나 보디발의 아내는 오늘의 축복된 현실을 만들기 위해 동원된 하나님의 사람들인가 하는 문제, 셋째로 우리네 삶의 현실을 보면 모든 고통과 억울한 일들이 이런 식으로 해피엔딩을 하는 건 아닌데, 그렇다면 해피엔딩으로 끝나지 않는 고통과 고난은 하나님의 섭리가 작용하지 않았다고 보아야 하는가 하는 문제가 남는다. 여러분이라면 이런 문제를 어떻게 설명하겠는가? 설명이 가능하다고 생각하는가? 결코 간단치 않다.

사실 이런 문제는 신앙적 진술과 사실적 서술을 구분하지 않기 때문에 일어나는 문제이다. 우리가 요셉의 고백을 신앙적 진술로 보지 않고 사실에 대한 서술로 보기 때문에 문제가 복잡한 것이다. 신앙적 진술과 사실적 서술은 다르다. 진술은 해석이고 서술은 묘사이다. 해석과 묘사는 같지 않다. 그리고 하나님이 하시는 일은 본시 서술이 불가능하다. 하나님이 하시는 일은 오직 해석할 수 있을 뿐이지 서술할 수는 없다. 그런 면에서 요셉은 과거의 사태를 서술한 게 아니라 해석했을 뿐이라고 보아야 한다. 하지만 해석이라 할지라도 여전히 문제는 남는다. 그가 어떻게 이런 진술을 할 수 있었느냐 하는 것이다. 과거의 고통스럽고 억울했던 일들을 어떻게 하나님이 하셨다고 해석하고 진술할 수 있었느냐 하는 것이다. 매우 진부한 이야기로 들리겠지만, 나로서는 요셉이 하나님을 신뢰했기 때문이라고 말할 수밖에 없다. 요셉이 하나님을 신뢰했기 때문에 고통의 가시에 찔려 피로 얼룩진 삶을 살아낼 수 있었다고 생각한다. 그런데 거기서 끝내버리면 안 된다고 생각한다. 하나가 더 있다. 요셉이 고통에 찔려 피로 얼룩진 삶을 살아냈기 때문에 그런 고백을 할 수 있었다고 생각한다. 참담할 만큼 억울한 현실을 외면하거나 거부하지 않았기 때문에, 삶이 왜 이리도 개떡 같으냐며 걷어차지 않았기 때문에, 정말 억울하고 고통스러웠지만 억울함과 분노로 가득한 현실을 발로 차버리지 않고 꿋꿋하고 성실하게 살아냈기 때문에 그런 고백을 할 수 있었다고 생각한다. 만일 요셉이 하나님을 신뢰했음에도 불구하고 고통과 삶이 분리되어 각자의 길을 갔더라면 어떻게 되었을까? 아마도 십중팔구 이집트의 총리가 되지 못했을 것이다. 그리고 이집트의 총리가 되지 못했다면 하나님이 하셨다는 놀라운 신앙적 진술을 할 수도 없었을 것이다.

그런 면에서 진짜 중요한 것은 하나님을 신뢰하는 것 이후라고 할 수 있다. 물론 하나님을 신뢰하는 것이 중요하지 않다는 게 아니다. 하나님을 신뢰하는 것은 매우 중요한 토대이다. 그 토대가 없으면 안 된다. 하지만 하나님을 신뢰하는 것이 전부이어서도 안 된다. 하나님을 신뢰하는 것만으로는 부족하다. 하나님을 신뢰하는 믿음의 토대 위에서 억울함과 분노로 가득한 현실을 발로 차버리지 않고 꿋꿋하고 성실하게 살아내는 일이 뒤따라야 한다. 그게 뒤따르지 않으면 사실 신뢰는 별 의미가 없다. 하나님을 향한 신뢰가 현재의 슬픔과 고통을 끌어안는 힘이 될 때 신뢰가 의미 있는 것이지, 현재의 슬픔과 고통을 차버린다면 신뢰가 무슨 의미가 있겠는가? 아니 그런가?

　삶의 모든 것이 그러하듯 고통에도 양면이 있다. 고통은 고통을 영접하지 않는 마음과 영혼과 삶을 매우 거칠고 사납게 공격하고 파괴하지만, 고통을 영접하는 마음과 영혼과 삶은 맑게 정화시켜 주고 새롭게 빚어준다. 그런 면에서 고통 앞에 놓여 있는 길은 하나가 아니다. 고통의 미래는 결정되어 있는 게 아니라 매우 다양한 가능성으로 열려 있다. 오늘 막혔던 길이 새로운 길을 여는 시작이 되기도 하고, 골짜기가 삶의 어둠을 보는 창이 되기도 하는 게 인생의 오묘이고 삶의 신비이다.

고통은 삶이 내지르는 신음이고 삶에 드리워진 어둠이다. 고통은 삶이 입은 상처다. 사람뿐 아니다. 모든 피조물들이 고통으로 신음하며 탄식하고 있다.롬8:22 사실이다. 고통의 문제는 온 생명의 문제다. 그러기 때문에 고통의 문제를 이야기한다는 것은 결코 유쾌한 일일 수 없다. 고통의 문제를 이야기하는 것은 삶의 신음소리를 듣는 것이고, 또 아픈 상처를 건드리는 것이기 때문에 고통의 문제를 이야기한다는 것은 매우 잔인하고 고통스러운 일임이 분명하다.

하지만, 그럼에도 우리는 고통의 문제를 이야기하지 않을 수 없다. 삶과 고통은 분리할 수 없는 한 덩어리이고, 고통을 말하지 않고는 인생을 말할 수 없기에 아무리 마음이 아프고 무겁다 하더라도 고통의 문제를 이야기하지 않으면 안 된다. 또 고통은 악의 문제와 연결되어 있다. 사실 악이란 특별한 무엇이 아니다. 한 생명이 다른 생명에게 고통을 가하는 모든 행위가 바로 악이다. 자국의 번영을 위해 타국의 자원을 탈취하는 것도 악이고, 내 배를 채우기 위해 타인의 것을 강탈하는 것도 악이고, 힘으로 타인의 권리를 짓밟는 것도 악이다. 내가 조금 편하자고 타인에게 무거운 짐을 떠넘기는 것도 악이다. 남편이 게을러서 아내가 경제의 짐을 지고 힘겨워한다면 그것도 악이다.

한 걸음 더 나아가 다른 생명의 고통을 외면하는 것도 사실은 소극적인 의미에서 악이라고 할 수 있다. 도무지 상식이 통하지 않는 북한의 도발도 악이지만, 김정일 일족체제를 수호하는 도구로 전락한 북한 주민의 배고픔과 억압적인 인권 상황을 외면하는 것도 악이다. 영양실조와 질병으로 죽어가는 지구촌 아이들의 깡마른 얼굴을 외면하는 것도 악이고, 무차별적인 개발로 산과 들에서 쫓겨나고 있는 뭇 생명들의 신음소리를 외면하는 것도 악이다. 사실이다. 고통을 가하는 것, 고통을 외면하는 것, 이게 다 악이다. 그렇다. 모든 악은 고통을 유발한다. 고통을 유발하지 않는 악은 없다. 더욱이 사람은 창조주로부터 모든 생명을 돌보아야 할 아름다운 책임을 부여받았다. 그러기 때문에 사람은 마땅히 생명을 위협하고 신음하게 하는 악과 고통의 문제에 관심을 가져야 한다. 뭇 생명의 신음소리에 귀 기울여야 한다. 이것은 자기 자신은 물론이고 동료 인간과 모든 생명에 대한 책임일 뿐 아니라 예의이다. 한 걸음 더 나아가 생명의 주인이신 하나님을 경외하는 가장 본질적인 신앙의 행위이다.

더욱이 고통의 문제 속에는 매우 심각하고 근본적인, 그러면서도 회피할 수 없는 의문들이 내재되어 있다. 고통은 단지 고통의 문제가 아니다. 고통의 문제 속에는 고통은 왜 있는가 하는 본질적인 의문으로부터 시작해서, 왜 의로운 자가 고통을 당하고 불의한 자는 형통하는가 하는 의문, 선하시고 전능하신 하나님께서 왜 이토록 잔인하고 끔찍한 고통을 보고만 계시는가 하는 의문, 고통의 배후에는 정말 보이지 않는 하나님의 뜻이 작용할까 하는 의문, 고통은 은총일까 저주일까 하는 의문 등 참 쉽지 않은 의문들이 내재되어 있다. 그러니 이런 진지한 의문들을 외면한 채 생명을 말할 수 있겠는가? 삶을 말하고 구원을 말할 수 있겠는가? 그럴 수는 없다. 아무리 힘들고 유쾌하지 않더라도 고통의 문제는 반드시 이야기해야 한다.

고통 앞에서 울부짖는 이유

사람이 고통의 무게에 짓눌려 휘청거리다 보면 대뜸 이런 의문이 치솟는다. 왜 하필 나인가? 왜 하필 우리 가족인가? 도대체 내가 무슨 잘못을 했기에 이런 일을 당해야 하는가? 세상은 이렇게 멀쩡한데, 나보다 악하게 산 놈들도 저렇게 멀쩡하게들 살고 있는데 왜 나만 이런 고통을 당해야 하는가? 이런 의문이 치솟는다. 또 고통은 왜 있는 것인가 하는 근원적인 질문을 던지게 된다. 왜일까? 왜 사람은 고통 앞에서 이런 질문을 던지는 것일까? 왜 고통을 순순히 받아들이지 못하고 무엇 때문에 고통이 있는 거냐고, 왜 하필 나냐고 묻는 것일까? 그것은 우리가 "하나님은 선하시고 정의로우시고 전능하실 뿐만 아니라 우리를 지극히 사랑하시는 분"이라고 믿기 때문이다. 선하시고 정의로우신 하나님께서 온 세상을 창조하셨을 뿐만 아니라 세상만사를 다스리신다고 믿기 때문이다. 우리가 하나님을 그런 분으로 이해하고 있기 때문에, 왜 고통 받는 이들의 기도를 들어주시지 않는 거냐고 묻는 것이고, 불의한 일들이 왜 이리도 끊이지 않는 거냐고 묻는 것이다.

이런 의문을 최초로 제기한 철학자는 그리스의 에피쿠로스다. 그는 신神이 악을 제거하기를 원하면서도 할 수 없다면 전능하지 않은 것이고, 악을 제거할 수 있으면서도 그렇기 하기를 원치 않는다면 선하지 않은 것이고, 악의 제거를 원하지도 않고 행할 수도 없다면 전능하지도 사랑하지도 않는 것이기 때문에 그런 신은 신이 될 수 없다고 말했다. 또 신이 악을 제거하기 원하고, 악을 제거할 수 있는 능력이 있다면 대체 악은 어디서 오는 것이며, 무엇 때문에 악을 없애지 않는 것이냐고 물었다. 그렇다. 만일 하나님이 선하신 분도 아니고 정의로우신 분도 아니라고 한다면, 세상만사를 다스리는 분이 아니라고 한다면, 왜 고통이 있는 거냐고, 왜 하필 나냐고 물을 필요가 없을 것이다. 고통이 있는 게 세상의 질서라고 생각하면 그만일 것이다. 그런데 성경은 하나님이 선하시고 정의로우시다고 말하니까, 선하신 하나님이 세상을 다스리신다고 말하니까, 세상을 다스리는 하나님이 전능하시다고 말하니까 세상이 왜 이리도 개떡 같은 거냐고, 왜 이리도 부조리한 거냐고 묻게 되는 거다. 왜 성경 말씀과 현실이 다른 거냐고 악다구니를 하게 되는 거다. 철학자 쇼펜하우어도 고통으로 가득한 세상의 현실을 목도하면서 이렇게 내뱉었다. "세상의 비참함이 내 가슴을 발기발기 찢고 있다. 하나님이 이 따위 세상을 창조하셨다면 나는 그런 하나님이 싫다." 정말이다. 고통이 끊이지 않는 세상에 살면서 우리가 묻게 되는 근본적인 질문은 바로 이것이다. 하나님이 창조한 세상이고, 선하신 그분이 다스리는 세상인데 왜 이다지도 고통이 있는 것인가 하는 것이다.

성경은 고통이 죄 때문에 주어진 것이라고 말한다. 고통은 죄에 대한 하나님의 저주라고 말한다. 아담이 선악과를 먹었을 때 아담은 이미 피조물의 자리를 떠난 것이기 때문에 피조물의 자리를 떠난 이후의 삶은 서로를 해치는 죽임으로서의 삶, 고통을 피할 수 없는 삶을 살게 된 것이라고 말한다. 창3:14~24 옳다. 고통은 죄악이 부른 재앙의 표상이다. 삶이 찢겨져 나갔다는 것을 알리는 예표이다. 하지만 고통의 현실을 보면 양상이 그리 간단치 않다. 죄 때문이라고 설명하기에는 너무도 어처구니없는 아픔들이 있다. 아이들 말이다. 가난한 나라에 태어났다는 이유 하나 때문에 질병과 배고픔으로 스러져가는 아이들, 유전자 이상을 갖고 태어난 아이들, 각종 소아암으로 신음하는 아이들, 사악한 전쟁과 죄악의 손길에 찢긴 아이들, 과연 이 아이들이 당하는 고통을 죄 때문이라고 말할 수 있을까? 비록 아이들의 죄가 아니라 인류 전체의 죄 때문이라고 하더라도, 또 죄가 세상 속에 이미 깊이 침투해 있기 때문에 개인의 죄악과 직접적인 관련 없이도 비참한 일을 당할 수 있는 것이라고 하더라도, 아이들이나 특정한 개인이 당하는 사적인 고통을 그런 방식으로 설명하는 것은 지나치게 사변적이고 무정하며 무책임한 일이라고 생각한다. 물론 나는 고통이 근원적으로 죄악의 결과라는 걸 인정한다. 하지만, 그럼에도 개인이 당하는 다양한 고통을 그 하나의 틀로 해석하는 것은 지나친 단순화의 전형적인 어리석음이라고 생각한다.

    누가복음에는 이런 이야기가 나온다. 예루살렘에 매우 흉흉한 사건이 벌어졌다. 익명의 갈릴리 사람들이 제사를 드리기 위해 예루살렘으로 올라왔는데 빌라도 총독이 그들 중 어떤 사람들을 죽이고, 그 피를 제물에 섞는 가공할 악행을 저질렀다. 그러자 사람들은 이 가공할 죄악에 희생당한 사람들을 보면서 이들의 죄악이 다른 사람들보다 더 크게 때문에 그들이 희생당한 것이라고 생각했다. 또 예루살렘 남동부에는 실로암이라는 연못이 있는데, 거기에 있던 망대가 무너져 18명이 깔려 죽는 사고가 일어났다. 사람들은 그 일을 보면서도 망대에 치여 죽은 사람들이 다른 예루살렘 사람들보다 더 악하기 때문일 거라고 생각했다. 그러나 예수님은 아주 단호하게 그렇지 않다고 말씀했다. 황당한 죽음을 당한 자들이 다른 사람들보다 더 악해서 그런 게 아니라고, 그들의 비참한 죽음을 그들의 죄와 연결 짓지 말라고 말씀했다. 눅13:1~5 요한복음에는 날 때부터 눈을 보지 못하는 사람의 이야기가 나온다. 예수님의 제자들이 그 맹인을 보고는 예수님께 물었다. 이 사람이 맹인으로 태어난 것이 누구의 죄 때문이냐고. 본인의 죄 때문이냐고, 그의 부모의 죄 때문이냐고. 그러자 예수님은 이 사람이나 그 부모의 죄로 인한 것이 아니라 그에게서 하나님이 하시는 일을 나타내고자 하심이라고 말씀했다._{요9:1~3} 또 욥이 모든 것을 잃는 대재앙 가운데 있을 때에도 친구들은 하나 같이 죄 때문이라고 판단했다. 죄 때문에 이런 가공할 재난을 당한 것이니 빨리 회개하라고 윽박질렀다. 그러나 하나님께서는 욥의 친구들이 어리석은 판단을 했다며 분노하셨다._{욥42:7~8} 이처럼 세상에는 묻고 또 물어도 고통의 이유를 찾을 수 없는 일들이 정말 많다. 죄 때문에 고통을 당하는 것이라는 틀로는 도무지 설명되지 않는 재앙과 고통이 많다. 사실이다. 고난과 고통의 원인이 죄라고 하는 것은 성경적으로 옳다. 하지만 성경적으로 옳지 않다.

한편 성경은 하나님이 자기 자녀들을 징계하시는 분이라고 말한다. 무릇 징계는 모든 자녀들이 받는 것이라고, 징계를 받지 않는 것은 사생자이지 참 자녀가 아니라고, 우리의 유익을 위해 징계하시는 것이니 달게 받으라고, 힘들고 고통스럽다 하더라도 참아내라고 말한다._{히12:5~11} 다시 말하면 하나님은 우리의 유익을 위해 고난과 고통을 주시는 분이라는 것이다. 하여, 많은 교회 강단에서도 고통은 축복의 통로요 은총의 수단이라고 회자되고 있다. 사실이다. 고통은 우리에게 많은 유익을 건넨다. 고통의 자양분을 먹고 영혼의 키가 자라지 않은 사람은 거의 없다. 하지만 고통은 생명을 찢고 삶을 짓이기는 사단의 손이다. 언젠가는 내쫓겨야 할 불의한 침입자다. 하나님은 당신의 피조물들이 고통으로 신음하는 것을 원치 않으신다. 예수님께서 고통으로 신음하는 자들의 손을 잡아 주고 해방시켜준 것도 바로 그 때문이다. 그렇다. 고통은 하나님이 사용하시는 은총의 도구이기도 하지만 본질적으로는 반드시 걷어 내야 할 어둠의 장막이다. 세상에서 고통만큼 인간의 내면과 영혼에 유익한 것도 없지만, 고통만큼 인간의 내면과 영혼에 치명적인 것도 없다. 고통은 결코 선善일 수 없다. 고통이 아무리 인간의 내면과 영혼에 유익을 준다 해도, 고통의 나무에 선한 열매가 맺힌다 해도 고통이 선이 될 수는 없다. 고통은 영원히 악이라는 어미의 아들일 뿐이다. 이것은 어떤 경우에도 변할 수 없는 진실이다.

그런데 고통의 현실은 좀 더 복잡하다. 고통의 현실을 보라. 고통은 징벌의 도구만도 아니고, 은총의 도구만도 아니다. 고통은 징벌의 도구이기도 하고, 은총의 도구이기도 하다. 심지어는 하나의 고통 속에 은총과 징벌이 교묘하게 뒤섞여 있을 때도 많다. 하기야 징벌과 은총이라는 건 본시 분리되어 작동하는 게 아니다. 징벌이 따로 있고 은총이 따로 있는 게 아니다. 징벌 속에도 은총이 깃들어 있고, 은총 속에도 징벌이 깃들어 있는 법이다. 그리고 우리에게는 그 정황을 정확하게 판단할 능력이 없다. 그것을 판단하는 것은 우리의 능력을 넘어선다.

자유의지와 고통의 관계

우리가 고통의 원인을 추적하고 또 추적하다 보면 결국 자유의지의 문제에 닿게 된다. 하나님께 순종할 수도 있지만 순종하지 않을 수도 있는 자유의지 말이다. 세상의 모든 고통을 한 번 살펴보라. 고통을 가하는 주체는 거의 언제나 사람이다. 물론 사람을 넘어선 천재지변도 고통을 유발하긴 하지만 그 이외의 고통은 거의 다 사람 때문에 발생한다. 그렇다. 사람이 바로 고통의 진원지다. 그리고 사람이 고통의 진원지가 된 것은 순전히 자유의지 때문이다.

자유의 문제는 하나님이 세상을 창조하실 때 아마도 가장 깊이 고민하신 문제였으리라고 생각된다. 성경이 직접 언급하지는 않기 때문에 확실하게 말할 수는 없지만 한 번 상상의 나래를 펼쳐보자. 하나님은 지혜로우실 뿐만 아니라 자유하신 분이시다. 하나님은 자유 자체이신 분이시다. 그런데 자유이신 분께서 내재된 프로그램을 따라 움직이는 세상을 기획하셨을까? 원격 조정하는 대로 움직이는 세상, 어떤 일탈이나 선택도 불가능한 완벽한 기계로서의 세상을 원하셨을까? 하나님께서는 절대 그럴 수 없었을 것이다. 하나님은 자유로운 도전과 선택이 가능한 세상, 하나님의 말씀을 순종할 수도 있지만 불순종할 수도 있는 세상, 프로그램화된 복종

보다는 자유로운 순종의 세상을 원하셨을 것이다. 자유 없는 완전한 세상보다는 자유 있는 불완전한 세상을 원하셨을 것이다. 정말이라고 생각된다. 어떤 문제도 없이 완벽하게 돌아가지만 자유 없는 세상을 상상해보라. 내재된 프로그램에 따라 기계처럼 움직이는 세계, 모든 것들이 명령에 따라 척척 움직이는 수동의 세계, 과연 그런 세계가 창조자에게 기쁨이 되겠는가? 당신 같으면 그런 세계에 만족하겠는가? 다시 말하지만 하나님은 본질적으로 자유이신 분이시다. 모험과 창조를 즐기시는 분이시다. 그러기 때문에 하나님께서는 기계와 같이 자동화된 수동의 세계가 아니라 자유로운 능동의 세계를 보고 싶어하셨을 것이다. 결국, 하나님께서는 사람에게 당신의 말씀까지도 거역할 수 있는 자유의 권세를 허락하셨다. 하나님의 속성인 자유, 하나님에게나 가능한 자유, 즉 의지의 자유를 선물하셨다. 피조세계의 발랄함과 인격적인 소통, 그리고 자발적인 순종의 아름다움을 위해.

사실 '피조물'과 '자유의지', 이 둘의 조합은 전혀 어울리지 않는 조합이다. '피조물'이라는 것 안에는 기본적으로 독립적인 존재가 아니라는 뜻과 한계를 가진 존재라는 뜻이 내포되어 있다. 그에 비해 '자유의지'는 주권자만이 행사할 수 있는 특별한 속성이다. 그런데 주권자가 아닌 피조물이 스스로 생각하고 판단할 수 있는 이성과 스스로 선택할 수 있는 자유의지를 행사한다? 피조물인 주제에 창조자요 주권자인 하나님에게 버금가는 주체자로서의 지위를 누린다? 이것은 도무지 성립될 수 없는 일이다. 상상하기 어려운 파격이다. 뿐만 아니라 창조자의 뜻을 거슬러 불순종할 수도 있다는 면에서 매우 위험천만한 일이기까지 하다. 그런데 그런 일이 실제로 일어났다. 하나님에게나 어울리는 자유의 능력과 지위가 피조물에게 허락되는 이변이 일어났다. 그리고 바로 그 자유의지 때문에 인간은 결국 하나님을 거역하게 되었고, 창조질서가 어그러지게 되었고, 모든 사람의 자유의지가 서로 충돌하면서 서로가 서로에게 고통을 가하는 뒤틀린 삶을 피할 수 없게 되었다.

사실이다. 모든 고통의 진원지는 자유의지다. 인간이 누리고 있는 최고의 특권인 자유의지 때문에 온 세상이 고통으로 신음하고 있다. 하지만 모든 고난과 고통의 근본 원인이 죄임에도 불구하고 죄로는 도무지 설명되지 않는 재앙과 고통이 있는 것처럼 자유의지와 죄의 관계도 그렇다. 다시 말하지만 자유의지가 고통의 원인이라고 하는 것은 전적으로 옳다. 하지만 의지와 관계없이 일어나는 고통도 많다. 그러기 때문에 자유의지가 고통의 원인이라고 하는 것 또한 옳으면서도 틀렸다고 해야 한다. 죄와 고통의 관계처럼 자유의지와 고통의 관계 또한 한 방향으로 교통정리가 되는 건 아니다.

　여기서 잠깐 살펴보고 넘어갈 게 있다. 자유의지를 주신 하나님에게 고통의 책임을 물을 수 있느냐 하는 것 말이다. 하나님이 사람에게 자유의지를 주셔서 죄와 고통이 시작되었으니 하나님에게 책임이 있는 것 아니냐고 주장하는 것은, 말이 안 되는 건 아니지만 지나친 단순화요 허황한 억지 논리에 불과하다는 게 내 생각이다. 이렇게 비유해보자. 내가 아들에게 차를 한 대 사주었다고 하자. 그런데 아들놈이 차를 몰다가 교통사고를 일으켜 반신불수가 되었다고 하자. 그렇다면 차를 사 준 나에게 책임이 있는 것일까? 차를 사 준 사람의 잘못이라고 몰아세우는 것이 과연 올바른 책임 추궁일까? 아니다. 그건 억지요 허황한 책임몰이다. 고통에 대한 책임도 마찬가지다. 하나님은 단지 세상과 아름다운 소통을 하기 위해 자유의지를 허락하셨을 뿐이다. 세상의 발랄함을 위해, 생명이 진정한 생명됨을 누릴 수 있게 하기 위해, 인격적인 사랑의 소통을 위해 자유의지라고 하는 특별한 은총을 배려하신 것이지 세상을 죄와 고통으로 가득 채우기 위해서가 아니었다. 때문에 고통을 유발한 책임을 하나님에게 물을 수는 없다.

　자유의지는 기본적으로 원인과 결과라는 틀을 거부한다. 백 사람에게 A라는 원인을 작용시킨다고 해서 백 사람에게 A1라는 결과가 나오지는 않는다. 아니, 그럴 수가 없다. 일찍 부모를 잃었다고 해서 모든 고아들이 문제아로 성장하는 것도 아니다. 사람마다 유전자가 다른 탓도 있지만 인간에게는 자유의지가 있기 때문에 대응하는 방식이 각각 다르고, 대응하는 방식에 따라 성장하는 모습도 제각각 다른 것이 정상이다. 또 자유의지라고 하는 속성 안에는 예측 불가능성이 내포되어 있다. 총을 가진 사람이 누구를 향해 총을 겨눌지는 아무도 모른다. 당연히 누가 총을 맞고 쓰러질지도 알 수가 없다. 하나님도 알 수가 없고, 조종할 수는 더더욱 없다. 만일 A라는 사람이 총에 맞고 쓰러졌다면 그건 순전히 총을 쏜 사람의 자유의지의 결과일 뿐이다. 그 사람이 죄가 많아서 총에 맞았다고 할 수도 없고, 하나님의 뜻이 있어서 총에 맞았다고 할 수도 없다. 운명이라고 해서도 안 된다. 그것은 순전히 '우연'일 뿐이다. 물론 사람의 행동은 어느 정도 예측 가능하다. 그 사람을 알면 그 사람이 어떤 행동을 할 것인지는 어느 정도 예측할 수 있다. 하지만 동시에 예측할 수 없는 것도 사실이다. 사람은 기계가 아니다. 사람은 기계가 아니기 때문에 한 사람의 행동이나 그에게 닥친 어떤 일을 특정한 원인에 의한 것이라고 단정해서는 안 된다. 그것이 설사 하나님의 뜻이라 하더라도. 사실이다. 하나님의 뜻마저도 사람에게 기계적으로 전달되는 건 아니다. 모든 규칙성은 자유의지 앞에서 멈추어야 한다. 자유의지는 모든 틀을 거부하고, 모든 예측 가능성을 비웃으니까 말이다.

그런데 우리는 원인과 결과라고 하는 물리적인 질서의 틀 속에서 살고 있다. 아궁이에 불을 지피지 않으면 굴뚝에 연기가 날 수 없는 세상을 살고 있다. 더욱이 사람은 사태의 원인을 정확하게 규명하지 않으면 견디지 못하는 이성적 존재다. 그러기 때문에 사람은 기본적으로 모든 일의 합당한 원인을 찾으려고 덤빈다. 하나의 끄나풀이라도 찾으려고 발버둥을 친다. 뜻하지 않은 재난이나 우연한 사고를 당했을 때에도 왜 이런 일이 일어났는지를 먼저 묻는 것이 사람이다. 욥의 친구들도 그랬다. 아니 땐 굴뚝에 연기가 날 수 없듯이 죄 없이는 고난과 고통이 있을 수 없다고 생각했다. 물론 원인과 결과라는 해석의 틀이 전적으로 틀린 것은 아니다. 생활습관이 잘못되어서 질병에 걸리는 것도 사실이고, 탐욕을 절제하지 못해서 큰 낭패를 보는 것도 사실이다. 마음에 악을 품고 있기 때문에 마음이 어두워지는 것도 사실이다. 중력이라는 원인이 작용하기 때문에 사과나무에서 사과가 떨어지는 것처럼, 우리가 경험하는 대부분의 일들도 어떤 원인이 작용했기 때문에 발생하는 게 사실이다. 하지만 그럼에도 불구하고 삶이란 원인과 결과라고 하는 틀로 다 해석되지는 않는다. 우리 삶에는 인과관계의 틀을 뛰

어넘는 일들이 참으로 많다. 고통도 예외가 아니다. 우리가 아무리 묻고 또 물어도 고통의 이유를 알기는 어렵다.

영원한 침묵

나는 지금까지 결코 선일 수 없는 고통이 왜 이리도 끈질기게 삶에 끼어드는 것인지를 물었다. 하지만 속 시원한 답을 찾지는 못했다. 욥이 고통의 한 가운데에 있을 때에 가장 힘들어 했던 것도 다른 것이 아니었다. 왜 자기가 이런 고난을 당해야 하는지, 도대체 무엇 때문에 엄청난 재앙이 한꺼번에 쏟아진 것인지 그 이유를 알 수 없는 것 때문이었다. 욥은 하나님께 탄원했다. "내 영혼이 살기에 곤비하니 내 불평을 토로하고, 내 마음이 괴로운 대로 말하리라. 내가 하나님께 아뢰리니 나를 정죄하지 마옵시고, 무슨 까닭으로 나와 더불어 변론하시는지 내게 알게 하옵소서"^{욥10:1~2} 욥은 정말 알고 싶었다. 왜 이런 일이 자기에게 닥친 것인지 하나님께 듣고 싶었다. 하지만 욥은 끝내 알 수 없었다. 욥이 하나님과 대화하는 과정에서 고통의 문제를 돌파하기는 했지만 고통의 원인을 알아내지는 못했다. 고통의 원인을 알아내지 못한 채로 고통의 문제를 넘었다.

작가 박완서 씨도 스물 다섯 밖에 안 된 너무나도 준수한 외아들이 죽었을 때 "나는 내 아들이 이 세상에 없다는 무서운 사실을 견디기 위해서 왜 그런 벌을 받아야 하는지 영문을 알아야만 했다" 고 말했다. 그리고 그걸 알기 위해 하나님께 애걸했다. 한 말씀만 해달라고. 주님이 계시다면 내 아들이 왜 죽어야 했는지, 내가 이렇게까지 고통받아야 하는 건 도대체 무슨 영문인지, 더도 말고 덜도 말고 한 말씀만 해달라고 사생결단의 마음으로 매달렸다. 그러나 결국 세미한 음성 하나도 듣지 못했다. 작가는 그 밤을 '처절한 밤'이었다고 말했다. 『한 말씀만 하소서』 66쪽

그렇다. 고통은 그 무엇으로도 충분히 설명되지 않는다. 고통의 문제는 설명하려 들면 들수록 설명되지 않는 부분만 드러날 뿐임을 발견하게 된다. 그런데 우리는 쉽게 죄 때문이라고, 하나님의 뜻이 있어서라고 말한다. 하나님의 징벌이라고, 축복의 통로라고 말한다. 매우 섣부른 판단이요 언사가 아닐 수 없다. 사실 고통의 원인은 신비이다. 고통의 원인은 알 수 없는 것도 아니지만 알 수 있는 것도 아니다. 고통의 원인은 앎과 모름의 경계에 있다. 사람들은 이런 어정쩡함을 싫어한다. 정직한 어정쩡함보다는 확실한 독단과 편견을 더 선호한다. 정직한 의문이나 무지보다는 무지한 확신을 더 선호한다. 그것이 비록 설익은 것이라 할지라도 선명한 답을 제시해야 마음 편해한다. 하지만 어쩔 수 없다. 고통의 원인

에 대한 문제는 신비로 남겨 두어야 한다. 물론 고통의 원인을 분별하기 위해 노력해야 한다. 모든 촉수를 동원해 최대한 깊이 응시하고 성찰해야 한다. 묻고 또 물어야 한다. 대답을 찾기 어렵다고 해서 묻기를 그만 두어서는 안 된다. 심지어 대답이 없다 할지라도 묻는 걸 중단해서는 안 된다. 사람이 질문을 하는 것은 해답을 찾기 위함이기도 하지만 해답을 찾지 못한다 하더라도 묻는 과정 속에서 지혜의 눈을 뜨는 법이다. 동시에 앎과 모름의 경계 또한 견뎌내야 한다. 그리고 침묵해야 할 때에는 침묵할 줄도 알아야 한다.

욥의 마지막 이야기를 생각해보자. 자기가 태어난 날까지도 저주하면서 무엇 때문에 이런 고난을 당하게 하는 거냐며 거칠게 항변하던 욥에게 하나님은 어떤 설명도 하지 않았다. 오직 묻기만 했다. 하늘과 땅을 두루 보여주며 그 진상을 설명해보라고 묻기만 했다. 폭포처럼 쏟아 붓는 하나님의 물음 앞에서 욥은 한 마디 대답도 할 수가 없었다. 그랬다. 욥은 한 마디의 설명도 듣지 못했고, 한 마디의 대답도 하지 못했다. 하지만 욥은 놀랍게도 회개의 고백을 했다. 잘 알지도 못하면서 감히 주님의 뜻을 흐려놓았다고. 깨닫지도 못하면서 함부로 말을 했다고. 자기가 알기에는 너무나 신기한 일들이었다고. 이제는 자기의 주장을 거두어들이겠노라고. 욥

 그렇다면 욥에게 무슨 일이 일어난 것일까? 왜 욥은 티끌과 잿더미 위에 앉아서 회개했을까? 요하네스 브란첸 신부는 욥이 하나님의 물음 속에서 하나님의 음성을 들었을 것이라고 상상하면서 이렇게 멋지게 표현했다. "욥아, 네게 애걸하는 이 마음을 모르겠느냐? 나를 믿거라. 아직 날이 저물지 않았다. 어떻게 네가 나의 세계와 가능성을 다 안다고 할 수 있느냐? 나는 네가 모르는 카드놀이를 하고 있다." 『고통이라는 걸림돌』 28쪽 그렇다. 하나님이 욥에게 "네가 누구이기에 무지하고 헛된 말로 내 지혜를 의심하느냐?" 욥 38:2고 질책하신 것도 바로 그 때문이었다. 하나님은 자유이신 분이시다. 자유이신 하나님은 그 어떤 논리, 그 어떤 틀에도 갇힐 수 없다. 때문에 세상에서 벌어지는 일들 또한 어떤 논리나 어떤 틀로도 충분히 해석될 수 없다. 고통은 더더욱.